FiT FÜR DIE SCHULE

Rechtschreibung trainieren 3. Klasse

Deutsch

Von Marianne Bellenhaus
Illustrationen und Gestaltung von Atelier Frey & Müller

STOCKMANN Didaktik

TESSLOFF

Liebe Eltern

Sie haben dieses Arbeitsbuch gekauft, um Ihren Kindern zu helfen, sicherer in der Rechtschreibung zu werden.

- *Die allererste Voraussetzung dafür ist, dass auch Ihr Kind selbst das will!* Sie als Eltern können weitere Voraussetzungen für ein erfolgreiches Üben schaffen: einen ruhigen Platz, eine freundliche Atmosphäre und das richtige Arbeitsmaterial. Sie als Eltern müssen auch immer wieder helfen, wenn es um Überprüfung und Diktate geht. Vor allem aber sollten Sie Ihr Kind immer wieder ermutigen und loben.
- Nehmen Sie sich *nicht zu viel* auf einmal vor! Täglich eine Übung und dazu das Einprägen einiger Lernwörter genügen oft. Statt schnell weiter zu gehen, ist es sinnvoller, bisher geübte Wörter immer weiter zu festigen. Das Ziel ist ja eine *langfristige Rechtschreibsicherung.*

Über das Rechtschreiben

Wenn ein Kind Wörter bzw. Texte schreiben soll, benutzt es zuallererst *seine Ohren und seinen Mund.* Es *lautiert* das Wort und schreibt die Buchstaben auf, die es hört. Leider kommt es dabei oft zu Fehlern, da unsere Sprache nun einmal keine lautgetreue Schrift hat.

Das Kind benutzt natürlich auch *seine Augen und Hände*, denn es *prägt sich Wortbilder ein* und kann sie wieder abrufen. Dies ist die wichtigste und gebräuchlichste Rechtschreibhilfe, auch noch für den Erwachsenen. Man weiß einfach, wie das Wort aussehen muss. Und nicht nur die Augen „wissen" es, auch die schreibende Hand „weiß" es.
Das bedeutet: Je mehr solcher fest gespeicherter Wortbilder ein Kind erlernt hat, umso sicherer ist es in der Rechtschreibung, denn:

Schreiben lernt man durch Schreiben!

Schließlich benutzt das Kind in steigendem Maße auch seinen *Verstand*, das heißt, es richtet sich *nach Regeln.* Das bedeutet, dass erste Regeln schon bald erlernt und gefestigt werden sollten.

Ihr Kind benötigt neben diesem Arbeitsbuch also alle seine Sinne – und ein Schreibheft.

Damit das Lernen Spaß macht, sollte dieses Heft Ihrem Kind besonders gut gefallen. Es sollten möglichst keine anderen Texte in dieses Heft geschrieben werden.

Ihr Kind sollte versuchen, in diesem Heft nicht nur *immer richtig*, sondern auch *immer schön* zu schreiben, denn die richtige Schreibweise eines Wortes prägt sich besser ein, wenn das Wort klar gegliedert ist.

Der Aufbau dieses Arbeitsheftes

Das Buch beginnt mit *Tipps für Ihr Kind.* Es wird dort auch der Rechtschreibkasten vorgestellt, der ein kontinuierliches Üben der Lernwörter erleichtert. Wenn Sie mit diesem Hilfsmittel arbeiten wollen, helfen Sie bitte Ihrem Kind bei der Herstellung des Kastens und auch später beim Üben und Überprüfen.

Im weiteren Verlauf des Arbeitsbuches ist zwar jede Seite in sich abgeschlossen, es bilden jedoch auch immer je vier Seiten thematisch eine Einheit. Auf den ersten drei Seiten einer jeden Themeneinheit wird jeweils in einigen Übungsaufgaben ein Diktattext vorbereitet.

Wenn bei diesen Aufgaben Fragen zu beantworten sind, dann sollten sie immer mit vollständigen Sätzen beantwortet werden.

Häufig finden sich bei den Aufgaben auch Bilder mit kleinen Sprechtexten. Dabei steht in der Regel die Aufforderung, diese Gespräche aufzuschreiben. Ganz automatisch wird bei diesen Schreibaufgaben auch die einfache Form der Zeichensetzung bei der wörtlichen Rede geübt. Ein selbstständiges Einsetzen der Redezeichen ist jedoch noch nicht gefordert. Deshalb sollten diese bei Diktaten auch immer mitdiktiert werden.

Diktate

Unten auf der Seite wird jeweils ein Diktattext angeboten. Diesen Text sollten Sie Ihrem Kind diktieren, aber erst dann, wenn Ihr Kind selbst sicher ist, dass es ihn fehlerlos schreiben kann. Im Anhang finden Sie zu vielen Seiten Zusatzdiktate, die den bis dahin geübten Wortschatz in einfachen, variierten Texten aufgreifen. Lassen Sie Ihr Kind entscheiden, ob es sich diese Texte ohne vorheriges Üben diktieren lassen möchte, oder ob es anfangs lieber erst noch ein wenig üben will.

Innerhalb der Themeneinheiten sind am Rande jeder Seite Lernwörter ausgewiesen, die besonders intensiv geübt werden sollten. Aus ihnen entwickelt sich der Grundwortschatz.

Regeln und Rechtschreibhilfen

Auf der vierten Seite jeder Einheit werden einige der Lernwörter nochmals aufgegriffen und mit Regeln und Rechtschreibhilfen in Zusammenhang gebracht. Sie können bei Bedarf immer wieder nachgeschlagen werden und werden dadurch immer sicherer verfügbar.

Bildgeschichten

Auf der unteren Hälfte jeder vierten Seite findet sich jeweils eine kleine Bildgeschichte. Sprech- und Denkblasen in den Bildern und differenzierte Fragen unter den Bildern helfen den Kindern, selbstständig Geschichten zu formulieren.
Je sicherer Ihr Kind in der Rechtschreibung wird, umso weniger wird es diese Hilfen benötigen. Ermutigen Sie es zu eigenen Formulierungen!

Zum Schluss noch eine wichtige Anmerkung: Für manche Kinder genügt es nicht, fleißig zu üben, um die Rechtschreibung zu erlernen. Einige Kinder leiden unter Wahrnehmungsstörungen, die eine besondere Therapie erfordern. In einem solchen Fall wenden Sie sich bitte an die zuständige schulpsychologische Beratungsstelle.

Ihnen und vor allem Ihrem Kind wünsche ich Freude und Erfolg bei der Arbeit mit diesem Buch!

Ihre Marianne Bellenhaus

Der Rabe Raxi ist ein ganz besonderer Rabe. Er möchte dir helfen, möglichst fehlerlos zu schreiben. Hier hat er ein paar Tipps für dich:

1. Versuche immer deutlich zu sprechen und genau hinzuhören!
2. Versuche immer deutlich zu schreiben!
3. Versuche jedes Wort richtig abzuschreiben!
4. Versuche dir jedes Wort, das du schreibst, genau einzuprägen!

Du willst zum Beispiel das Wort Rabe schreiben:

1. Lies das Wort und sprich es langsam und leise!
2. Merke dir die Buchstabenfolge!
3. Schreibe das Wort mit dem Finger in die Luft und auf den Tisch! Sprich auch dabei leise.
4. Schau das Wort noch einmal an. Hast du auch keinen Buchstaben vergessen?
5. Nun sprich das Wort leise und langsam aus und schreibe im gleichen Tempo mit!

Vergleiche dann, ob du das Wort richtig geschrieben hast.
Vergleiche Buchstabe für Buchstabe!

Schreibe nun den Text vom Raben Raxi in dein Heft. Beachte dabei Raxis Tipps. Raxi, der kleine Rabe, ruft:

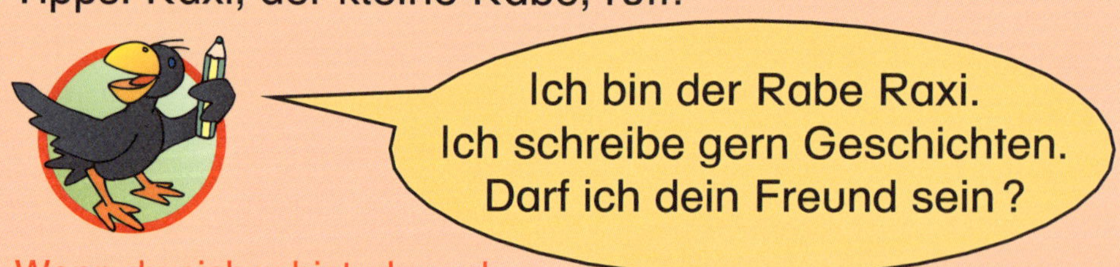

Übe den Text. Wenn du sicher bist, dass du alle Wörter richtig schreiben kannst, lass dir die Geschichte diktieren.

Raxis Rechtschreibkasten

Mit dem Rechtschreibkasten kannst du die Lernwörter leicht üben.

Nimm einen Schuhkarton oder einen anderen Karton.

Jetzt brauchst du zwei Pappstreifen. Dafür kannst du den Deckel zerschneiden.

Klebe die Pappstreifen so in den Karton, dass drei Fächer entstehen. Nun kannst du den Karton schön bemalen oder bekleben.

Dann kann es losgehen.

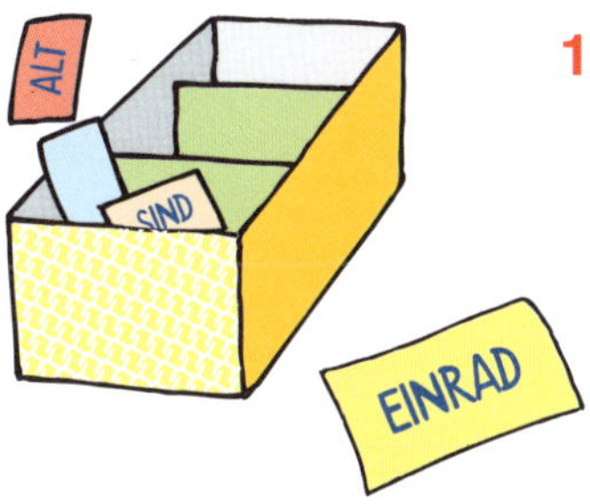

1. Auf den folgenden Seiten findest du jeweils am Rand Lernwörter, die du besonders üben solltest. Wenn du die ersten vier Lernwörter schon auswendig schreiben kannst, dann schreibe jedes einzelne Wort auf einen Zettel und lege diese Zettel in das erste Fach.

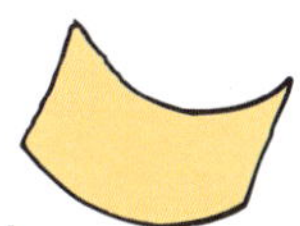

2. Am nächsten Tag lässt du dir diese vier Wörter noch einmal diktieren. Du darfst sie noch einmal vorher ansehen. Die Zettel mit den Wörtern, die wieder ohne Fehler waren, dürfen ins zweite Fach. Die Zettel, bei denen du noch Fehler gemacht hast, bleiben im ersten Fach. Du kannst sie noch einmal üben.

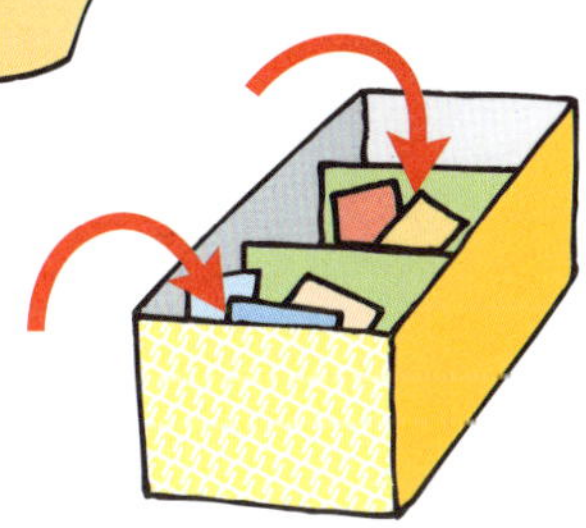

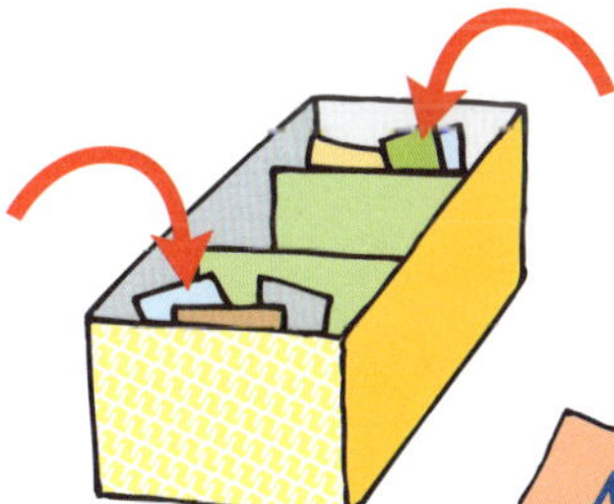

3. Am dritten Tag lässt du dir die Wörter aus dem zweiten Fach noch einmal diktieren, diesmal ohne sie vorher noch einmal anzusehen. Die Zettel ohne Fehler dürfen nun ins dritte Fach. Die Zettel mit Fehlern müssen zurück ins erste Fach.

So machst du immer weiter. Jeden Tag wird dein Kasten ein bisschen voller, und hoffentlich sind bald ganz viele Wörter bis ins dritte Fach gewandert. Prüfe zwischendurch aber immer wieder, ob die Wörter im dritten Fach auch noch sicher sind!

Drei Freunde

1

Jan, Larissa und Jakob sind gute Freunde. Jakob hat schwarze Locken. Larissa hat einen Ball und Jan hat einen gestreiften Pullover an.

Schreibe die passenden Namen unter die Fotos.
Schreibe dann den Text in dein Heft.

2 Drei Freunde malen Bilder

Bauernhof

ein altes Haus mit einem schönen Garten

eine Siedlung am Waldrand

Verbinde die Schilder mit dem passenden Bild.
Schreibe dazu eine Geschichte in dein Heft.

Die drei Freunde haben Bilder von ihrem Zuhause gemalt.

Jan hat einen ... gemalt.
Larissa hat ... gemalt.
Jakob hat ... gemalt.

3 Drei Freunde

Jan, Larissa und Jakob sind gute Freunde. Sie wohnen nah beieinander. Jan wohnt auf einem Bauernhof. Larissa wohnt in einem alten Haus mit einem großen Garten. Und Jakob wohnt in einer Siedlung am Waldrand.

Übe diesen Text. Wenn du sicher bist, dass du alle Wörter richtig schreiben kannst, lass dir die Geschichte diktieren.

Lernwörter: Freunde Garten Bauernhof Siedlung Waldrand wohnen wohnt beieinander nah sind gut alt

1 Das Einrad

In einer Bildergeschichte findest du das, was gesprochen wird, in den Sprechblasen. In einer geschriebenen Geschichte ohne Bilder wird das, was gesprochen wird, durch Redezeichen gekennzeichnet. In einem Begleitsatz steht, wer gerade spricht. Der Doppelpunkt bedeutet: Achtung, jetzt beginnt die Rede!

Schreibe die Geschichte in dein Heft. Setze dabei die gesprochenen Sätze aus den Sprechblasen zwischen die Redezeichen. Achte immer auf den Begleitsatz, den Doppelpunkt und die Redezeichen, wenn du Gespräche aufschreibst!

Ein Junge sagt zu Larissa: „Du hast ... !“
Larissa sagt: „ ... !“

2 Das ganz besondere Fahrrad

Die Kinder haben einen bunten kurzen Schulweg. Sie fahren meistens mit dem Flugzeug Fahrrad zur Schule. Jeden Morgen Abend treffen sie sich bei Larissa. Heute fährt Larissa mit ihrem Dreirad Einrad zur Schule.

In jedem Satz ist ein Wort zu viel. Streiche es durch und schreibe dann die Geschichte richtig in dein Heft.

3 Das Einrad

Jan, Larissa und Jakob fahren mit dem Fahrrad zur Schule. Jeden Morgen treffen sie sich bei Larissa, denn Larissa wohnt genau in der Mitte zwischen Jan und Jakob. Heute ist ein besonderer Tag. Larissa fährt mit ihrem Einrad zur Schule.

Übe diesen Text. Wenn du sicher bist, dass du alle Wörter richtig schreiben kannst, lass dir die Geschichte diktieren.

Lernwörter: Schule zwischen Fahrrad Morgen Mitte Einrad genau besonders treffen fahren heute

1 Neu in der Schule

Schreibe Leas Geschichte in dein Heft.

Frau Müller kommt mit einem neuen Kind in die Klasse. Sie sagt: „ ... ." Gleich ruft Larissa: „ ... !"

2 Lea erzählt

Heute war ich zum ersten Mal in meiner neuen ____________. Meine Lehrerin heißt ________ Müller. Sie ist mit mir in die ________ gegangen und hat mich den Kindern vorgestellt. Da hat gleich ein ________________ gerufen: „Neben mir ist noch ein ________ frei!" Dort sitze ich ______. Das Mädchen heißt _______________ und ist sehr nett. Wir sind sofort ______________________ geworden.

In dieser Geschichte fehlen einige Wörter. Setze sie ein und schreibe die Geschichte richtig in dein Heft.

Freundinnen **Mädchen** **Klasse** **Platz** **Larissa** **Schule** **jetzt** **Frau**

Unterstreiche dann die Wörter, die nach einem Punkt stehen. Die Satzanfänge werden immer mit einem großen Anfangsbuchstaben geschrieben.

3 Neu in der Schule

Heute kommt Frau Müller mit einem neuen Kind in die Klasse. Sie sagt: „Guten Morgen, Kinder! Das ist Lea. Sie gehört von nun an in unsere Klasse. Wo haben wir denn noch einen Platz frei für Lea?" Larissa ruft: „Hier neben mir ist noch ein Platz frei!"

Übe den Text. Wenn du ihn sicher schreiben kannst, lass ihn dir diktieren.

LERNWÖRTER-KRAFTTRAINING

Namenwörter (Nomen)

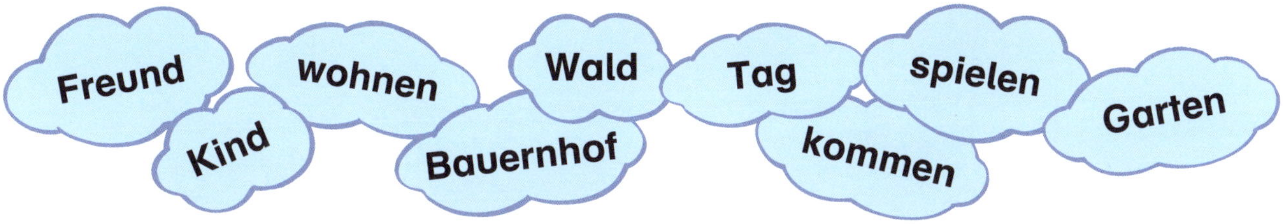

Dies sind einige von den Lernwörtern, die du auf den letzten drei Seiten geübt hast. Es sind Namenwörter (Nomen) und Tuwörter (Verben) darunter.

So kannst du Nomen erkennen:

- Nomen sind Namen für Menschen, Tiere und Dinge. Nomen werden immer mit großen Anfangsbuchstaben geschrieben.
- Zu einem Nomen gehört immer ein Begleiter (Artikel), z. B. der, die oder das.
- Wenn du einen Artikel vor ein Wort setzen kannst, dann handelt es sich um ein Nomen.
- Der Artikel bei einem Nomen in der Mehrzahl heißt immer die.

Suche nun bei den Lernwörtern oben die Nomen heraus und unterstreiche sie rot.

In den Häusern stehen noch mehr Nomen, diesmal in der Mehrzahl. Schreibe die Nomen in der Einzahl und in der Mehrzahl in dein Heft. Setze immer den passenden Artikel dazu. Beispiel: der Freund – die Freunde

Schreibe auf, was auf den Bildern geschieht, sodass eine spannende Traumgeschichte entsteht. Die Fragen unten können dir helfen. Suche auch eine passende Überschrift aus.

Wer hatte gestern Nacht einen seltsamen Traum? Wo war Jakob in seinem Traum? Mit wem kam Frau Müller in die Klasse? Was sagte sie? Neben wem saß der Drache nun? Wie haben sich die beiden wohl vertragen?

Jans Geburtstag

1

Jan hat | seine Mutter | Als er am Morgen | und singen. | aufwacht, | heute | und sein kleiner Bruder Kai | Geburtstag. | an der Tür | stehen sein Vater,

Die Satzstücke sind durcheinander geraten. Füge sie wieder richtig zusammen. Es sind zwei Sätze. Schreibe sie in dein Heft.

2 Silbenpäckchen

Füge jeweils zwei Silben zu einem Wort zusammen. Für ein Wort in dieser Gruppe benötigst du drei Silben. Schreibe bei den Namenwörtern auch den passenden Artikel dazu.

3 Geburtstag

Jan hat Geburtstag. Als er am Morgen aufwacht, stehen sein Vater, seine Mutter und sein kleiner Bruder Kai an der Tür und singen. Auf dem Tisch in der Küche liegen bunte Pakete. Jan packt sie aufgeregt aus und freut sich. Aber das schönste Geschenk ist für Jan, dass er mit seinen Freunden zelten darf.

Übe den Text. Wenn du ihn sicher schreiben kannst, lass ihn dir diktieren.

Lernwörter: Geburtstag stehen Vater Mutter Bruder singen auspacken Küche Pakete aufgeregt Geschenk zelten

1 Im Zirkus

Jan hat seine Freunde eingeladen. Auch Lea ist mit dabei.
Am Nachmittag spielen die Kinder Zirkus.

Wer macht viele Witze?	Der ______________ spielt mit drei Bällen.
Womit spielt der Jongleur?	______ reitet auf einem schwarzen Pony.
Was tut die Seiltänzerin?	Der Clown macht viele __________.
Worauf reitet Jan?	Die ________________ tanzt auf dem Seil.

Lies die Fragen und Antworten. Setze die fehlenden Wörter in den Antworten ein und schreibe die Sätze in dein Heft.

2 SPIELENLACHENJONGLIERENTANZENREITEN

Trenne die fünf Tuwörter (Verben) voneinander und schreibe sie in dein Heft. Dann schreibe kurze Sätze mit diesen Verben,
z.B. *Der Clown spielt. Der Clown ... .*

3 Zirkus

Am Nachmittag spielen die vier Freunde Zirkus. Jans Bruder Kai, die Eltern, Oma und Opa sind die Zuschauer. Jan reitet auf seinem schwarzen Pony. Lea tanzt auf dem Seil. Jakob spielt mit drei Bällen. Larissa ist der Clown und macht viele Witze.

Übe den Text. Wenn du ihn sicher schreiben kannst, lass ihn dir diktieren.

Lernwörter: Zirkus Nachmittag spielen Eltern Zuschauer
reiten Pony schwarz drei Bälle Clown Witze

1 Am Abend

Ordne die Satzteile so, dass drei sinnvolle Sätze entstehen. Die Farben helfen dir dabei. Schreibe die drei Sätze in dein Heft.

2 Vier Schlafsäcke

Schreibe in dein Heft, was die Kinder sagen, als sie am Abend in ihre Schlafsäcke kriechen:

Larissa fragt: „ ... ?“ *Jakob sagt: „ ... .“*
Lea erklärt: „ ... .“ *Jan meint: „ ... .“*

3 Im Zelt

Am Abend bauen die Kinder auf der Wiese hinter dem Haus das Zelt auf. Jans Vater hilft ihnen dabei. Als es dunkel wird, kriechen sie in ihre Schlafsäcke und schlafen dann im Zelt. Mitten in der Nacht werden alle vier plötzlich wach. Was ist da für ein Geräusch?

Übe den Text. Wenn du ihn sicher schreiben kannst, lass ihn dir diktieren.

Lernwörter: Zelt Abend bauen Wiese helfen dunkel Schlafsack hinter schlafen Nacht plötzlich Geräusch

LERNWÖRTER-KRAFTTRAINING

G oder K, g oder k?

Dies sind einige der Wörter, die du auf den letzten Seiten geübt hast. Es sind Wörter, in denen ein G/g oder K/k steht, manchmal auch beide Buchstaben.

groß

klein

gehört

Klasse

Kind

Garten

- Jakob hat Wörter mit G/g oder K/k am Anfang. Sprich die Wörter leise und langsam aus. Hörst du, wie winzig der Unterschied ist?
- Larissa hat Wörter, bei denen das g am Ende oder im Innern des Wortes steht. Hier kann man oft überhaupt nicht hören, ob ein g oder k geschrieben werden muss.

Nachmittag

aufgeregt

sagt

Tag

Geburtstag

Geschenk

Dann kannst du dir helfen, indem du das Wort verlängerst:

der Tag – die Tage, aufgeregt – sich aufregen, das Geschenk – schenken

In dem verwandten Wort hörst du jetzt deutlich, welchen Buchstaben du schreiben musst.

Schreibe die Wörter mit den verwandten Wörtern in dein Heft.

Setze nun in den unvollständigen Wörtern unten die fehlenden Buchstaben ein. Erinnere dich dabei immer noch einmal an die verwandten Wörter.

der Ta__ , aufgere__t, das Geschen__, er sa__t, sie fra__t

Schreibe aus dieser Bildergeschichte eine spannende Geschichte in dein Heft. Die Sätze unten können dir dabei helfen.

Wovon wurden die vier Kinder nachts im Zelt wach? Was flüsterte Larissa? Was taten alle vier ein bisschen ängstlich? Was sahen sie? Wie war es draußen? Was geschah plötzlich? Was rief Larissa, als das Zelt wackelte? Wer traute sich etwas weiter hinaus? Was sah Jan, als er hinter das Zelt schaute? Was rief er? Und die anderen?

Bei Jan auf dem Bauernhof

1

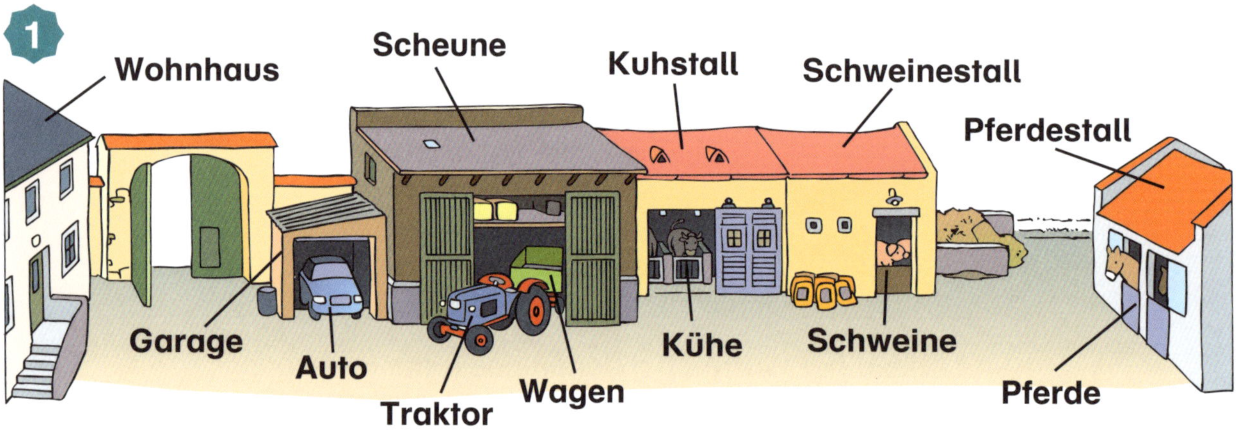

Lies die Namen für die abgebildeten Tiere und Dinge.
Schreibe sie mit dem passenden Artikel in dein Heft. Schreibe dann auf, welche Ställe es gibt.

Auf dem Bauernhof gibt es einen Stall für die Kühe.
Das ist der Kuhstall. …

2 Wörter mit eu

Jans Vater hat einen ____________ Traktor. Damit hat er gerade einen Wagen voll _________ in die ________________ gefahren.
Schon kommt Jan mit seinen drei _________________.
Sie _____________ sich, weil sie ___________ schulfrei haben.

Setze die fehlenden Wörter ein. Sie werden alle mit eu geschrieben.

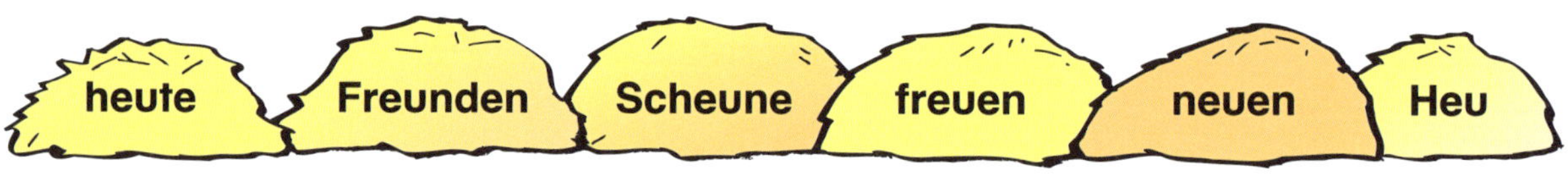

3 Auf dem Bauernhof

Die vier Kinder sind oft zusammen bei Jan auf dem Bauernhof.
Sie kennen sich schon gut aus auf dem Hof, in den Ställen und in der Scheune. Sie füttern die kleine Katze, sie helfen die Kühe auf die Weide zu treiben und sie holen die Eier aus dem Stall. Aber die meiste Zeit spielen sie.

Übe den Text. Wenn du ihn sicher schreiben kannst, lass ihn dir diktieren.

Lernwörter: Stall Ställe Katze Scheune Weide Schweine Kühe Eier kennen füttern zusammen

1 Die Ernte

Schreibe das Gespräch in dein Heft:

Der Bauer fragt die Kinder: „ ... ?“
Jans Vater fragt: „ ... ?“
Sie rufen: „ ... !“
Jan meint: „ ... .“

2 Ein Kastenrätsel

1. Auf dem ________ wächst das Korn.
2. Bei der ________ werden die Früchte vom Feld geholt.
3. Der __________ fährt mit dem Traktor.
4. Der ___________ hängt hinter dem Traktor.
5. Der ____________ zieht den Wagen.
6. Der ______________________ ist eine große Erntemaschine.

1											
2											
3											
4											
5											
6											

Lies die Sätze und überlege dir, welche Wörter fehlen. Die umgedrehten Wörter unter dem Rätsel helfen dir dabei. Fülle dann das Kastenrätsel aus. Suche dir drei Sätze aus und schreibe sie in dein Heft.

Bauer Mähdrescher Wagen Ernte Traktor Feld

3 Bei der Ernte

Der Bauer fragt die Kinder: „Wollt ihr heute bei der Ernte helfen?“ Alle vier rufen begeistert: „Ja!“ Jans Vater lacht: „Na, dann los! Der Mähdrescher ist schon auf dem Feld. Wir holen jetzt das Stroh.“ Lea darf vorn auf dem Traktor mitfahren. Die drei anderen steigen hinten auf den Wagen, und los geht es.

Übe den Text. Wenn du ihn sicher schreiben kannst, lass ihn dir diktieren.

Lernwörter: Ernte Mähdrescher Feld Stroh Wagen Traktor jetzt begeistert steigen holen schon

1 Kartoffelernte

Schreibe das Gespräch zwischen Jans Mutter und den drei Kindern in dein Heft.

Jans Mutter schlägt vor: „ ... !“
Larissa ruft: „ ... !“
Jan brummt: „ ... .“
Jakob tröstet ihn: „ ... !“

2 Eine tolle Maschine

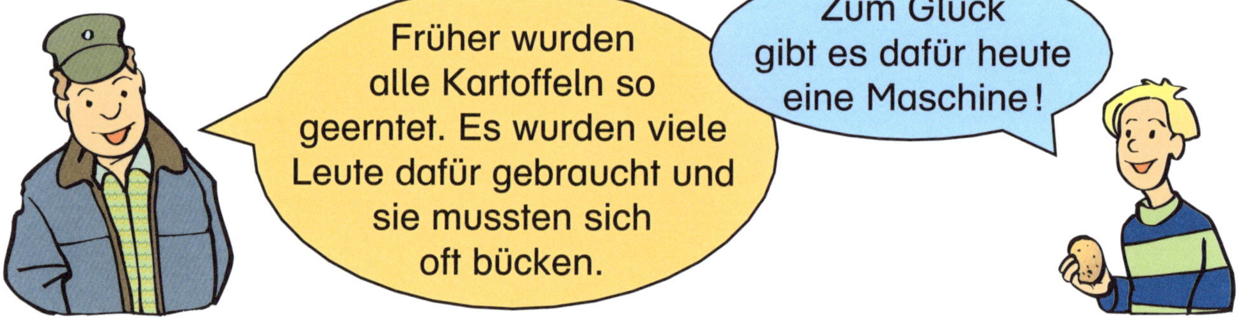

Lies das Gespräch zwischen Jan und seinem Vater. Unterstreiche alle Satzanfänge mit einem blauen Stift.

Nach einem Punkt, einem Fragezeichen oder einem Rufzeichen beginnt ein neuer Satz! Jeder neue Satz beginnt mit einem Großbuchstaben!

Es gibt im Text noch andere Wörter, die mit einem Großbuchstaben beginnen: die Nomen!

3 Die Kartoffelernte

Die Kartoffeln sollen geerntet werden. Eine große Maschine kommt auf den Hof. Sie fährt auf das Feld, holt die Kartoffeln aus der Erde und lädt sie auf den Wagen. Früher mussten sich viele Leute oft bücken, um die Kartoffeln zu ernten.

Übe den Text. Wenn du ihn sicher schreiben kannst, lass ihn dir diktieren.

Lernwörter: Kartoffeln Kartoffelernte Maschine Erde laden lädt früher müssen mussten oft viele bücken Leute

LERNWÖRTER-KRAFTTRAINING

Wörter mit eu oder äu

Bäuerin heute Feuer freuen Geräusch Leute neu Freund träumen Scheune Gebäude treu

Viele von diesen Wörtern hast du auf den letzten Seiten geübt.
Es sind schwierige Wörter.

Wenn du nicht mehr genau weißt, ob du eu oder äu schreiben musst, dann suche ein verwandtes Wort. Findest du eins, in dem ein au steht, dann musst du äu schreiben.

Schreibe die Wörter, die mit äu geschrieben werden, in dein Heft und schreibe immer das verwandte Wort dazu, z. B. so: die Bäuerin - der Bauer. Die umgedreht geschriebenen Wörter können dir dabei helfen.

bauen rauben der Traum rauschen der Bauer

Schreibe nun auch die Wörter, die mit eu geschrieben werden, in dein Heft und übe sie.

Schreibe aus dieser Bildergeschichte eine spannende Geschichte in dein Heft.
Die Sätze unten können dir dabei helfen.

Wo spielen Jan und Larissa? Was holt Larissa gerade? Was sagt sie? Was antwortet Jan? Was ruft er dann? Wo läuft er hin? Was hört er, als er in der Scheune ist? Wohin klettert er? Was ruft er, als er oben ist? Was finden die beiden oben im Stroh? Was ruft Larissa? Was tun die beiden dann?

Die Hütte im Wald

1 Jan und Jakob bauen sich eine Hütte im Wald

Was tun die beiden Jungen im Wald? Die beiden … .
Was meint Jan? Jan meint: „ … .“
Was sagt Jakob? Jakob sagt: „ … .“

Lies den Text und beantworte die Fragen. Schreibe die Antworten in dein Heft.

2 Das Geheimnis

UNSEREHÜTTELIEGTGUTVERSTECKTIMWALDZWISCHENDENBÄUMENU
NDBÜSCHEN.SIEISTUNSERGEHEIMNIS.
DASVERRATENWIRNIEMALS!

Trenne die Wörter voneinander und schreibe die drei Sätze in dein Heft. Denke daran, dass Nomen und Satzanfänge mit einem großen Anfangsbuchstaben geschrieben werden.

3 Die Hütte im Wald

Jan und Jakob haben sich im Wald eine Hütte gebaut, aus Zweigen und Ästen, einer Plane und viel Gras und Erde. Die Hütte liegt gut versteckt zwischen Büschen und Bäumen. Jan sagt: „Die Waldhütte ist unser Geheimnis.“ Jakob sagt: „Genau! Wir sagen niemandem etwas davon!“

Übe den Text. Wenn du ihn sicher schreiben kannst, lass ihn dir diktieren.

Lernwörter: Hütte Waldhütte Äste Zweige Stück Plane von vom Gras Büsche Geheimnis versteckt niemand

1 Ein Abenteuer im Wald

Lea und Larissa wollen im Wald Tiere beobachten.

Was wollen Lea und Larissa? Lea und Larissa wollen ... .
Was fragt Larissa? Larissa fragt: „ ... ?“
Was antwortet Lea? Lea antwortet: „ ... !“

Beantworte die Fragen und schreibe die Antworten in dein Heft.

2 Kastenrätsel

1. Im Wald leben viele ____________.
2. Ein ____________________ erlebt man nicht jeden Tag.
3. Lea hört, wie der ____________ klopft.
4. Kinder sind entweder Jungen oder ________________.
5. Die _____________ haben lange Ohren.

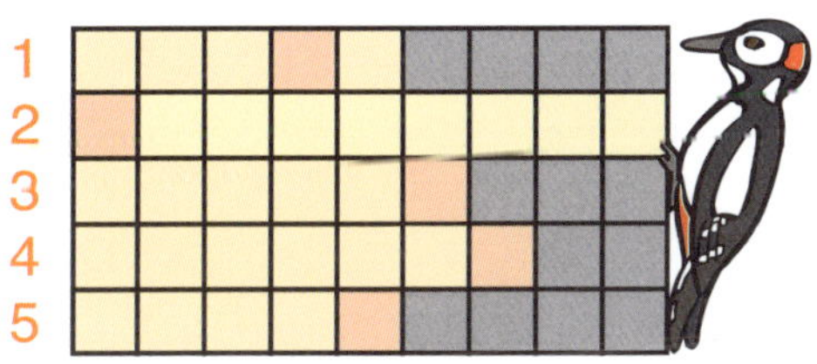

Abenteuer Mädchen Hasen
Specht Tiere

Diese Wörter sind leicht zu ☐☐☐☐☐

Fülle das Kastenrätsel aus. Die umgedrehten Wörter neben dem Kasten helfen dir dabei. Die Buchstaben in den rosa Kästchen ergeben das Lösungswort.

Schreibe die Sätze in dein Heft. Setze die Wörter aus dem Rätsel in die Lücken ein.

3 Ein Abenteuer im Wald

Lea und Larissa gehen durch den Wald. Sie sind ganz leise, denn sie wollen Tiere beobachten. Lea flüstert: „Hörst du den Specht?“ Larissa sagt leise: „Ja, aber sehen kann ich ihn nicht.“ Auf einmal bleibt Lea stehen und zeigt in den Wald: „Da hinten zwischen den Bäumen stehen zwei Rehe.“ Vorsichtig schleichen die Mädchen näher.

Übe den Text. Wenn du ihn sicher schreiben kannst, lass ihn dir diktieren.

Lernwörter: Abenteuer ganz beobachten Specht zwei flüstern gehen bleiben zeigen Rehe vorsichtig schleichen Mädchen näher

1 Der Ruf der Eule

Die vier Kinder sind im Wald. Jakob hat eine Idee.

Lies den Text und die Fragen. Schreibe die Antworten in dein Heft.

Wo sind die vier Kinder? Die vier Kinder ... .
Was hat Jakob für eine Idee? Was fragt Larissa?
Was überlegt Lea? Was ruft Jan begeistert?

2 Tiere im Wald

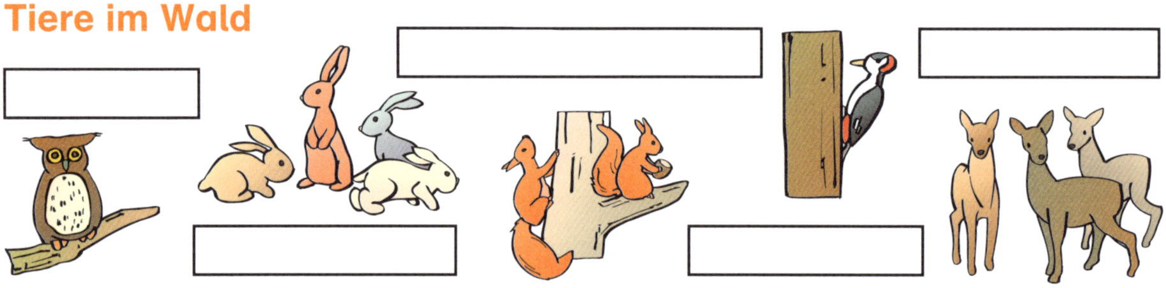

Wie heißen die Tiere? Die Wörterschlange kann dir helfen.

EICHHÖRNCHENREHEHASENEULESPECHT

Trenne die Wörter. Schreibe die Namen der Tiere über oder unter die Bilder.

Auf dem Ast sitzt ... . Auf der Wiese spielen ... .
Im Baum turnen ... . Dort klopft ... ein Loch in den Stamm.
Zwischen den Bäumen stehen ... .

Schreibe die Geschichte in dein Heft. Trage im Text ein, wie viele Tiere jeweils abgebildet sind (eine, vier, zwei, ein, drei).

3 Der Ruf der Eule

Die beiden Mädchen haben den Specht, ein Eichhörnchen und drei Rehe beobachtet. Dabei sind sie immer tiefer in den Wald gelaufen. Nun sind sie müde und wollen wieder nach Hause. Aber wo ist der Weg? Sie haben sich verirrt. Da hören sie plötzlich den Ruf einer Eule. Sind das vielleicht Jan und Jakob?

Übe den Text. Wenn du ihn sicher schreiben kannst, lass ihn dir diktieren.

Lernwörter: Ruf Eule Eichhörnchen immer tiefer gelaufen müde wieder Weg verirren

LERNWÖRTER-KRAFTTRAINING

Ä oder E, ä oder e?

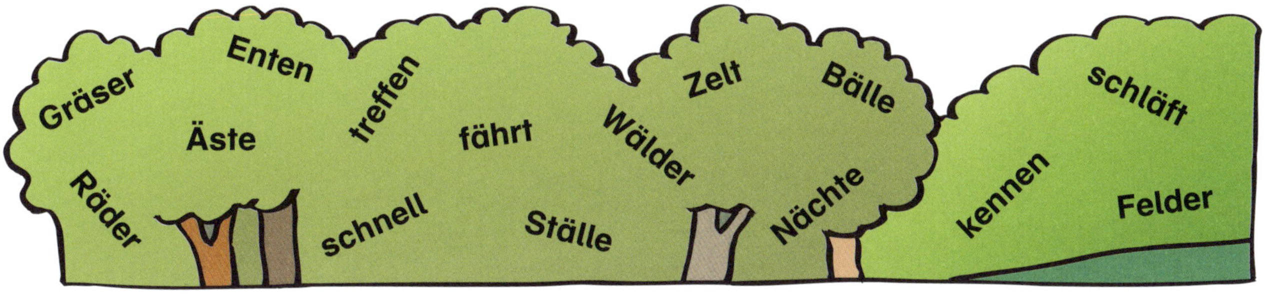

In diesem Wald sind viele Wörter versteckt. Die meisten davon hast du auf den letzten Seiten geübt.

In diesen Wörtern hörst du immer ein ä, aber schreiben musst du manchmal e. Suche auch hier wieder verwandte Wörter. Wenn du in der Wortfamilie eine Grundform mit A/a findest, dann musst du Ä/ä schreiben, z. B. der Ast - die Äste.

Schreibe alle Wörter mit Ä/ä aus dem Wörterwald in dein Heft. Schreibe immer das verwandte Wort mit A/a dazu. Die Wörter unten können dir dabei helfen.

der Ast   schlafen   das Gras   das Rad   fahren
der Stall   die Nacht   der Wald   der Ball

Schreibe aus dieser Bildergeschichte eine spannende Geschichte in dein Heft. Die Sätze unten können dir dabei helfen.

Was überlegte Lea, als sie eines Tages mit Larissa am Waldrand stand? Was schlug Larissa vor? Was taten die beiden? Was entdeckten sie? Was flüsterte Lea? Was sagte Larissa leise? Was hatten die beiden für eine Idee? Wann kamen die beiden Jungen wieder zu ihrer Hütte? Was rief Jan? Was rief Jakob? Was fanden die zwei, als sie in ihre Hütte krochen? Ob sie wohl herausfanden, wer die Waldgeister waren?

Auf dem Bahnhof

1 Lies die Texte und schreibe die kleine Bahnhofsgeschichte von Tante Julia und Jans kleinem Bruder Kai in dein Heft. Die Fragen helfen dir dabei.

Wo sind Tante Julia und Kai?
Tante Julia und Kai sind ... .
Womit wollen die beiden fahren? Die beiden ... .
Was sagt Tante Julia? Was ruft Kai?

2 Die große Reise

Füge die passenden Satzteile zusammen und schreibe die Sätze in dein Heft.

Kai ist Jans
Tante Julia und Kai
Er darf mit Tante Julia
Die Großeltern wohnen
kleiner Bruder.
in Köln.
wollen mit dem Zug fahren.
die Großeltern besuchen.

3 Koffer mit Wörtern

Überlege, wie die Wörter in den Koffern heißen könnten. Ordne die Buchstaben und schreibe die Wörter in dein Heft. Kannst du sie schon auswendig schreiben? Versuche es!

4 Auf dem Bahnhof

Kai ist Jans kleiner Bruder. Einmal durfte er mit Tante Julia zu den Großeltern nach Köln fahren. Er war ganz aufgeregt. Als sie auf dem Bahnsteig auf den Zug warteten, lief er überall hin. Es gab ja so viel zu sehen! Endlich kam der Zug. Aber wo war Kai? Tante Julia bekam einen großen Schrecken. Kai war nicht da!

Übe den Text. Wenn du ihn sicher schreiben kannst, lass ihn dir diktieren.

Lernwörter: Bahnhof Bahnsteig Zug Tante Bruder Großeltern überall
geben gab laufen lief endlich bekommen bekam Schreck

1 Tante Julia ist wütend

Schreibe eine Geschichte von der wütenden Tante Julia. So kannst du anfangen:

Tante Julia hat den kleinen Kai überall auf dem Bahnsteig gesucht. Endlich hat sie ihn gefunden. Sie ist sehr wütend und schimpft: „ ... !“

2 Die Stimme aus dem Lautsprecher

Füge die passenden Satzteile zusammen und schreibe die Lautsprecherdurchsage in dein Heft.

Auf Gleis 7

hat Einfahrt

der Eilzug

nach Köln.

Bitte

von der Bahnsteigkante

zurücktreten!

3 Sil-ben-sa-lat

Verbinde die Silben zu sinnvollen Wörtern und schreibe diese in dein Heft.

4 Glück gehabt!

Als Tante Julia den kleinen Kai endlich gefunden hatte, war der Zug gerade abgefahren. Tante Julia war wütend und schimpfte: „Jetzt haben wir den Zug verpasst!“ Aber da ertönte aus dem Lautsprecher eine Stimme: „Auf Gleis 7 hat Einfahrt der Eilzug nach Köln.“ Tante Julia staunte: „Oh, dann war das vorhin gar nicht der Zug nach Köln! Da haben wir ja nochmal Glück gehabt!“

Übe den Text. Wenn du ihn sicher schreiben kannst, lass ihn dir diktieren.

Lernwörter: Glück gerade abfahren wütend verpasst schimpfen Lautsprecher Stimme Gleis Einfahrt Eilzug

1 Unterwegs

Lies den Text und schreibe eine kleine Geschichte von der Bahnfahrt.
So kannst du anfangen:

Nun fuhren Tante Julia und der kleine Kai mit dem Zug. Zuerst schaute Kai neugierig nach draußen. Aber nach einiger Zeit wurde es ihm langweilig. Da schlug Tante Julia vor: „ ... ?“

2 Es war einmal

Ganz weit hinten · **in einem alten Schuppen** · **seit langer, langer Zeit** · **stand** · **eine kleine,** · **sehr alte Lokomotive,** · **um die sich niemand mehr** · **kümmerte.**

Füge den Satz zusammen und schreibe ihn in dein Heft.

3 Der Hase und die kleine Lokomotive

Schreibe das Gespräch zwischen dem Hasen und der Lokomotive auf.

Der Hase fragte die Lokomotive: „ ... ?“ Die Lokomotive sprach: „ ... .“

4 Es war einmal

Unterwegs erzählte Tante Julia dem kleinen Kai eine Geschichte von einer alten Lokomotive. Die stand in einem Schuppen und niemand kümmerte sich mehr um sie. Da beschloss die kleine Lokomotive eines Nachts, noch einmal eine Reise zu machen. Sie öffnete heimlich die Tore und dampfte hinaus in die weite Welt.

Übe den Text. Wenn du ihn sicher schreiben kannst, lass ihn dir diktieren.

Lernwörter: einmal unterwegs erzählt Geschichte Lokomotive Zeit Reise mehr Schuppen kümmerte beschloss öffnete heimlich dampfte Welt

LERNWÖRTER-KRAFTTRAINING

Die Wortfamilie fahren

Alle diese Wörter haben etwas mit dem Fahren zu tun. Aber nicht alle Wörter gehören auch zur Wortfamilie fahren.

Zur Wortfamilie gehören nur solche Wörter, in denen der Wortstamm fahr noch irgendwie zu erkennen ist, auch wenn aus dem a ein ä geworden ist.

Kreise die Wörter ein, die nicht zur Wortfamilie gehören.

Unterstreiche in den anderen Wörtern den Wortstamm fahr und lass dir die Wörter diktieren. Vergiss nicht, dass das h in allen Wörtern erhalten bleibt.

Schreibe aus dieser Bildergeschichte eine spannende Geschichte in dein Heft. Die Sätze unten können dir dabei helfen.

Wer fuhr fröhlich durch die Nacht? Was dachte die kleine Lok? Wem begegnete sie nach einiger Zeit? Was fragte das alte Auto? Was tat die kleine Lok dann? Was tat das alte Auto? Wem begegneten sie nach einiger Zeit? Was fragte das klapprige Fahrrad? Was antwortete die kleine Lok? Was schlug das alte Auto vor? Schloss sich das alte Fahrrad ihnen an? Wohin kamen die drei nach einer Weile? Was meinte das Auto? Was taten die drei? Was machte der Schrotthändler?

Lea ist krank

1

Schreibe auf, wie Mama merkt, dass Lea krank geworden ist.

Lea ist krank

Als Mama nach Hause kommt, liegt Lea auf dem Sofa.
Mama ruft: „ ... ?“ Lea jammert: „ ... !“ Da sagt Mama: „ ... !“

2 Seltsame Medizin

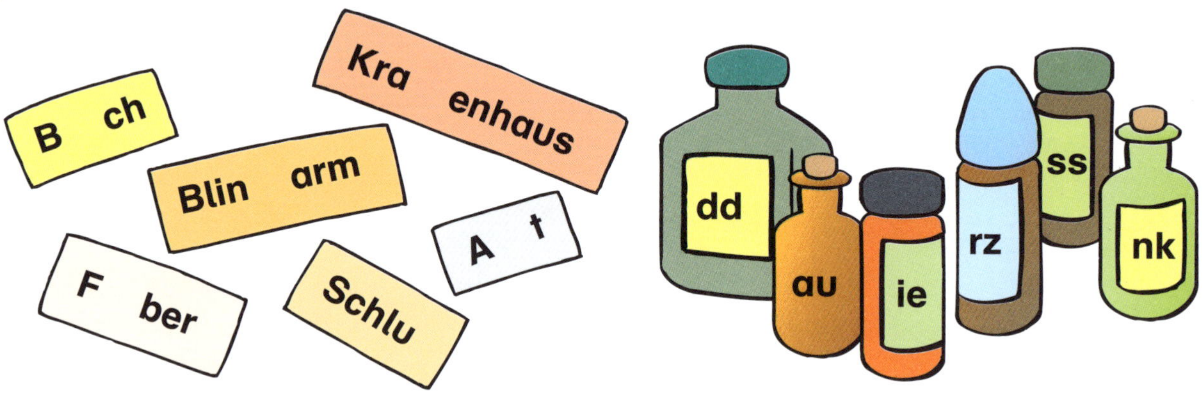

Versuche die Wörter auf den Zetteln zu lesen. In jedem Wort fehlen zwei Buchstaben. Du findest sie in den Medizinflaschen rechts. Schreibe die Wörter in dein Heft. Schau bei den Lernwörtern nach, ob du alles richtig geschrieben hast.

3 Lea ist krank

Lea ist krank. Zuerst hat ihr der Bauch nur ein bisschen weh getan. Dann ist es immer schlimmer geworden. Zum Schluss hat sie auch noch Fieber bekommen. Da ist Mama mit Lea zum Arzt gegangen. Der hat Lea untersucht und dann gesagt: „Das scheint mir der Blinddarm zu sein. Er hat sich entzündet.“ Lea muss schnell ins Krankenhaus.

Übe den Text. Wenn du ihn sicher schreiben kannst, lass ihn dir diktieren.

Lernwörter: krank zuerst Bauch weh schlimmer Schluss Fieber bekommen
Arzt untersuchen Blinddarm entzünden schnell Krankenhaus

1 Im Krankenhaus

Lea meint: „Ich bin froh, dass ich auf der _______________-
________________ liege. Da sind die Krankenschwestern besonders ________ , und Thomas, der Krankenpfleger, macht oft _________ mit uns. Und auch die _______________ ist immer freundlich.“

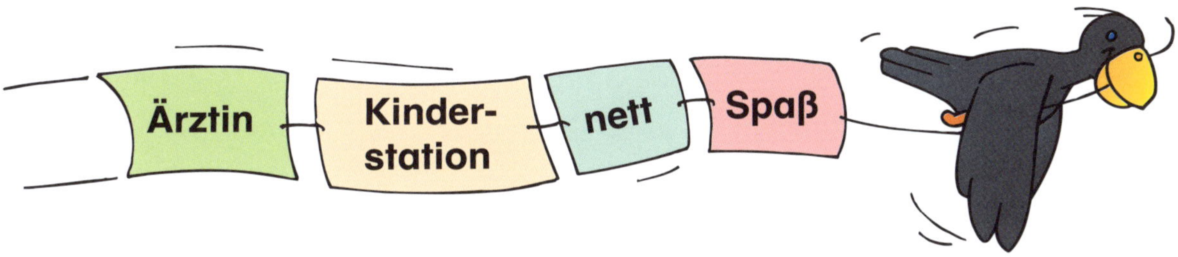

Schreibe diese kleine Geschichte in dein Heft und setze dabei die fehlenden Wörter ein.

2 Wörter aus der Wortfamilie krank

Krank-
Kran-ken-
Kran-ken-
Kran-ken-
Kran-ken-
Kran-ken-

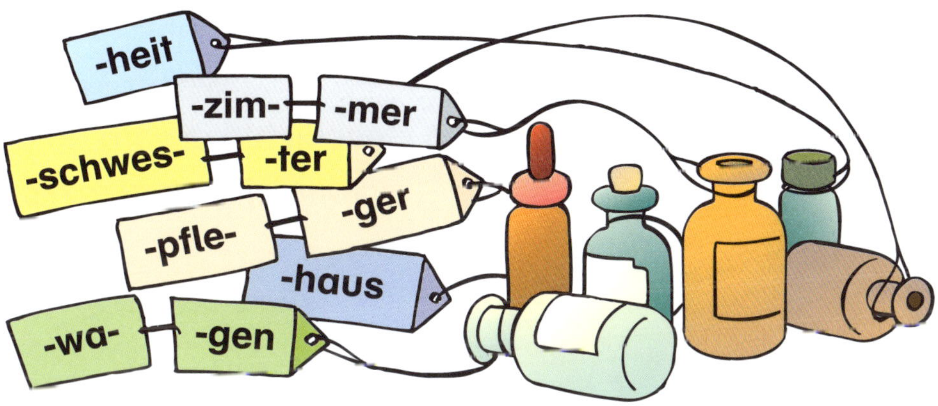

Setze die passenden Silben zusammen. Schreibe die Wörter mit den Begleitern (der, die, das) in dein Heft.

3 Im Krankenhaus

Lea liegt auf der Kinderstation. Sie kennt schon alle Krankenschwestern und den netten Krankenpfleger, der mit den Kindern oft Spaß macht. Leider kann Lea noch nicht richtig lachen, denn nach der Operation tut ihr der Bauch noch ziemlich weh.

Übe den Text. Wenn du ihn sicher schreiben kannst, lass ihn dir diktieren.

Lernwörter: Kinderstation Krankenschwestern Krankenpfleger nett Spaß leider lachen Operation ziemlich

1 Der Geschichtenzwerg

Es ist Nacht. Der Mond scheint. Alle Kinder schlafen schon. Nur Lea kann nicht einschlafen.

Schreibe auf, wie Lea sich in der Nacht die Zeit vertreibt.
So kannst du beginnen:

Wenn Lea in der Nacht nicht schlafen kann, denkt sie: „ ... .“

2 Im Traumland

Das sieht Lea, wenn sie in der Nacht mit ihren Traumstiefeln unterwegs ist:

einen __________ voller Traumbäume, eine __________ voller Traumblumen und eine __________ voller Traumhäuser.
Und wenn sie endlich den Geschichtenzwerg gefunden hat, dann öffnet der einen __________ voller Traumgeschichten.

3 Der Geschichtenzwerg

Manchmal in der Nacht, wenn Lea nicht schlafen kann, zieht sie ihre Traumstiefel an und macht sich auf die Suche nach dem Geschichtenzwerg. Sie trifft ihn im Traumwald oder auf der Traumwiese zwischen den bunten Traumblumen. Aber wo er auch gerade ist, immer hat er einen Sack voller Geschichten und Geheimnisse dabei.

Übe den Text. Wenn du ihn sicher schreiben kannst, lass ihn dir diktieren.

Lernwörter: der Geschichtenzwerg die Traumstiefel manchmal ziehen
die Blumen die Suche der Sack anziehen voll voller

LERNWÖRTER-KRAFTTRAINING

Raxi hat alle Selbstlaute (Vokale) gesammelt. Sie heißen Selbstlaute, weil sie selbst klingen, ohne die Hilfe eines anderen Lautes. Alle anderen Buchstaben heißen Mitlaute, weil sie im Alphabet mit Hilfe eines Selbstlautes gesprochen werden.

Wörter mit ss und Wörter mit ß

In diesen zwei Säcken sind viele Wörter gesammelt. Schreibe in die Kärtchen an den Säcken, in welchem Sack die Wörter mit ss und in welchem die Wörter mit ß sind.

Lies die Wörter im ersten Sack und achte darauf, ob der Selbstlaut (a, e, i, o, u) vor dem ss lang oder kurz gesprochen wird. Lies dann auch die Wörter im zweiten Sack und hör auch hier genau hin!

Du wirst feststellen:

Nach einem kurz gesprochenen Selbstlaut wird ss geschrieben.
Nach einem lang gesprochenen Selbstlaut wird ß geschrieben.

Schreibe die Wörter aus beiden Säcken in dein Heft. Vielleicht kannst du sie dir auch schon diktieren lassen.

Schreibe aus dieser Bildergeschichte eine spannende Geschichte in dein Heft. Die Sätze unten können dir dabei helfen.

Wer rutschte eines Abends wieder einmal auf einem Mondstrahl auf die Erde? Was dachte er? Was schob sich plötzlich vor den Mond? Was rief der Zwerg? Was passierte mit ihm? Wo landete er? Wer schaute neugierig zu? Was fragte die kleine Maus? Was antwortete der Zwerg? Was fragte die Maus dann? Was tat der Zwerg wohl?

In der Bücherei

1

Jakob und Larissa sind in die Stadtbücherei gegangen. Sie flüstern leise miteinander, um die anderen nicht zu stören.

Lies die Texte in der Einleitung und in den Sprechblasen. Lies danach die Fragen und schreibe die Antworten in dein Heft.

Wohin sind Larissa und Jakob gegangen?
Wie sprechen sie miteinander?
Was flüstert Larissa?
Was antwortet Jakob?

2 Was haben Jakob und Larissa gemacht?

Sie haben sich Bücher aus der Bücherei _______________ .
Sie haben sich ein dickes Buch vom Regenwald _______________ .
Sie haben auch ein Buch mit Fabeln _______________ .

Setze die Wörter auf den Zetteln an den passenden Stellen ein. Schreibe die Sätze in dein Heft.

3 Bücher aus der Bücherei

Larissa und Jakob waren in der Bücherei und haben sich Bücher ausgeliehen. Ein Buch handelt von den Abenteuern eines kleinen Elefanten. Ein anderes handelt von einem lustigen Esel. Jakob hat sich ein dickes Buch über die Tiere im Dschungel ausgesucht und Larissa hat ein Buch mit Fabeln gefunden.

Übe den Text. Wenn du ihn sicher schreiben kannst, lass ihn dir diktieren.

Lernwörter: Buch Bücher Bücherei ausgeliehen handeln lustig Esel Dschungel ausgesucht gefunden Fabeln

1 Fabeln

Auf dem Weg von der Bücherei nach Hause unterhalten sich Jakob und Larissa.

Larissa: Sag mal, Jakob, weißt du, was eine Fabel ist?
Jakob: Ich glaube, das ist so etwas wie ein Märchen von Tieren. Die Tiere können in den Fabeln reden wie Menschen.
Larissa: Hast du schon mal eine Fabel gelesen?
Jakob: Ja, ich kenne die Fabel vom Fuchs und vom Raben.
Larissa: Erzähl mal!

Lies das Gespräch der beiden. Beantworte dann die Fragen und schreibe in dein Heft:

Wie erklärt Jakob, was eine Fabel ist?
Jakob sagt: „Ich glaube, ...“
Welche Fabel kennt Jakob? Jakob kennt ... .

2 Jakob erzählt

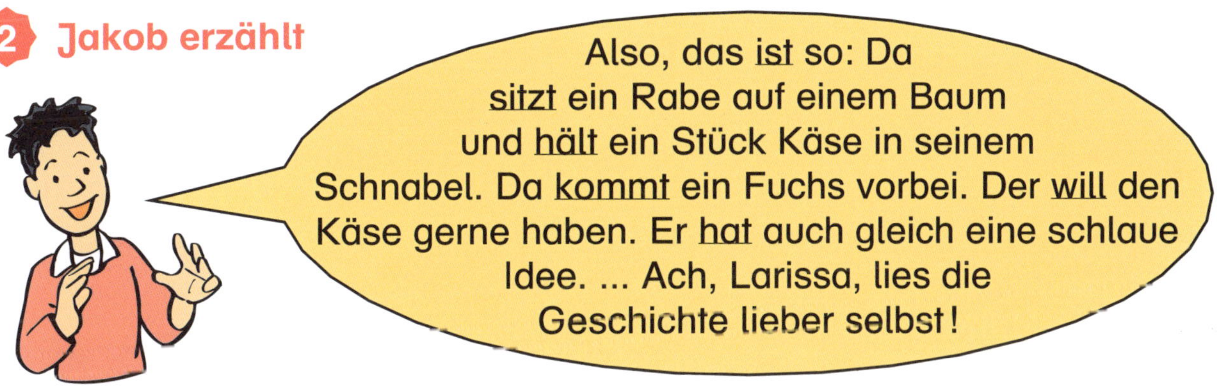

Fabeln sollten in der Vergangenheit erzählt werden. Verändere die unterstrichenen Verben im Text so, dass sie von der Vergangenheit erzählen. Hier sind die veränderten Verbformen:
war, saß, hielt, kam, wollte, hatte.

Schreibe die Geschichte in der Vergangenheit in dein Heft.

3 Der Fuchs und der Rabe

Ein Rabe saß auf einem Baum und hielt ein Stück Käse im Schnabel. Da kam der Fuchs vorbei und rief: „Was für herrliche Federn du hast! Wenn du jetzt auch noch singen könntest, wärst du der König der Vögel.“ Da öffnete der Rabe seinen Schnabel um zu singen. Dabei fiel der Käse auf die Erde. Der Fuchs schnappte ihn und lief davon.

Übe den Text. Wenn du ihn sicher schreiben kannst, lass ihn dir diktieren.

Lernwörter: Fuchs Rabe Käse Schnabel saß herrlich Federn König Vögel schnappte hielt fiel

Lernwörter: Versammlung flog Stadt Städte Abend See Bär Leben mehr wandern

1 Die Einladung des Raben

Schreibe auf, was der Rabe den Tieren zuruft.

Der Rabe ruft: „ ... !“

2 Die Rede des Bären

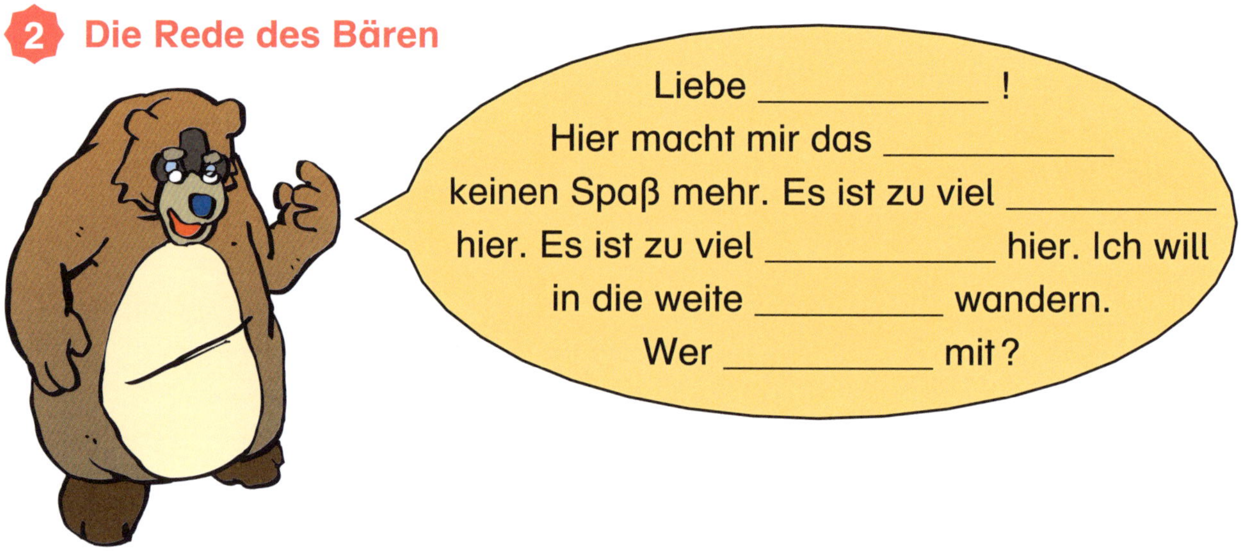

Tiere **kommt** **Müll** **Welt** **Leben** **Lärm**

Setze die passenden Wörter ein. Schreibe die Rede des Bären in dein Heft.

3 Die Versammlung der Tiere

Eines Tages flog der Rabe zu den Tieren in den Städten und Gärten, Wäldern und Wiesen. Er rief: „Kommt alle heute Abend zur großen Versammlung der Tiere!“ Und die Tiere kamen zu dem kleinen See, der gut versteckt mitten im Wald lag. Der Bär sprach: „Mir macht das Leben hier keinen Spaß mehr. Ich will in die weite Welt wandern. Wer kommt mit?“

Übe den Text. Wenn du ihn sicher schreiben kannst, lass ihn dir diktieren.

LERNWÖRTER-KRAFTTRAINING

Wörter mit doppelten Mitlauten

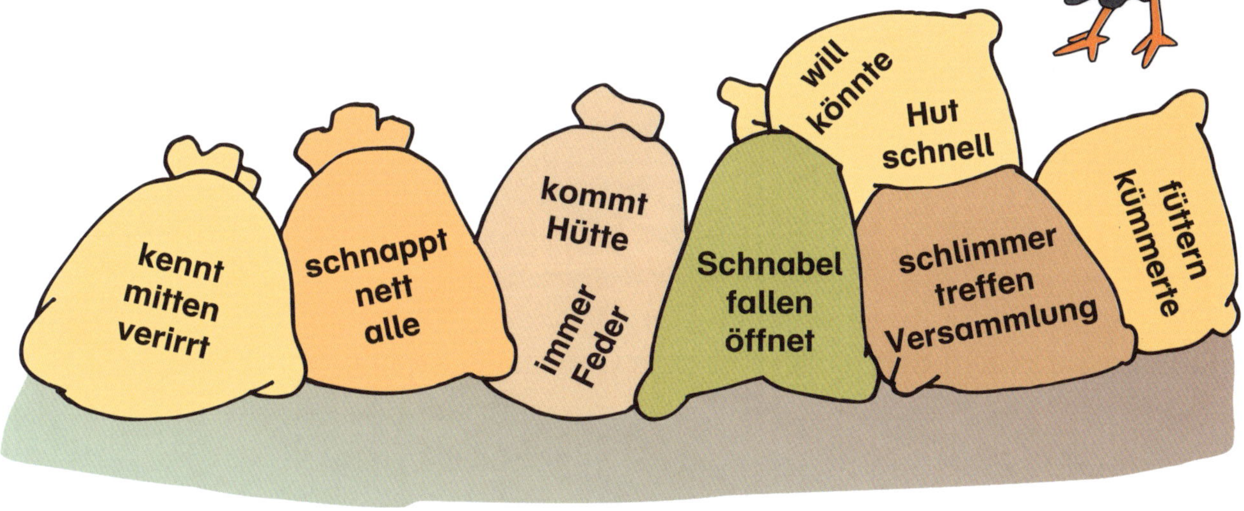

Lies alle Wörter aufmerksam und hör genau hin. Auch hier hörst du bei den Wörtern mit einem doppelten Mitlaut, dass der Selbstlaut (a, e, i, o, u) davor immer kurz gesprochen wird.

Die Rechtschreibregel lautet:
Nach einem kurz gesprochenen Selbstlaut folgt meist ein verdoppelter Mitlaut.

Vorsicht! Bei den Wörtern oben haben sich drei Wörter eingeschlichen, die nicht mit einem doppelten Mitlaut geschrieben werden. Kreise sie ein!

Schreibe die Wörter mit doppelten Mitlauten in dein Heft. Sprich dabei immer leise mit, damit der kurze Vokal und der doppelte Konsonant dir gut in Erinnerung bleiben. Setze zu den Nomen immer den passenden Artikel dazu.

Schreibe aus dieser Bildergeschichte eine spannende Geschichte in dein Heft. Die Sätze unten können dir dabei helfen.

Was wollte der Bär? Weshalb wollte er fort? Was meinte der Hase? Was rief der Specht, als er einen Moment aufhörte, gegen die Rinde zu klopfen? Was sagte die Amsel? Wer kam auf einmal dazu? Was erklärte der Fuchs? Was hörte man nun in den Nächten aus dem Wald? Wann kamen die Menschen? Was hatten sie mitgebracht? Was wollten sie im Wald? Womit war plötzlich der Weg versperrt? Was riefen sie? Und die Tiere?

Der Globus

1

Schreibe in dein Heft, was Jakob zum Geburtstag bekommen hat, was er dazu sagt und was seine Eltern sagen:

Der Globus
Als Jakob den Globus sieht, sagt er: „ ... !" Da sagt seine Mutter: „ ... ."

2 Ein Reisetraum

1. In der Nacht hat Jakob
2. Er sitzt vor seinem Globus und wandert
3. Er ist mit seinem Finger gerade
4. Da beginnt der Globus
5. Und Jakob sitzt plötzlich

mitten auf dem Meer.
einen verrückten Traum.
auf einmal zu wachsen.
in einem kleinen Boot.
mit dem Finger umher.

Hier sind die Satzteile durcheinander geraten. Verbinde die passenden Satzteile, sodass ein sinnvoller Text entsteht. Schreibe den Text dann in dein Heft.

3 Die große weite Welt

Zum Geburtstag hat Jakob einen Globus bekommen. Nun sitzt er immer wieder davor, wandert mit dem Finger über die Länder und Erdteile und wünscht sich, einmal wirklich zum Nordpol zu reisen. Oder nach Afrika in den Dschungel. Oder über das Meer. Oder durch die Wüste. Er denkt: „Ach, wenn ich groß bin, dann reise ich ganz bestimmt durch die große weite Welt."

Übe den Text. Wenn du ihn sicher schreiben kannst, lass ihn dir diktieren.

Lernwörter: Globus Finger Länder Erdteile Nordpol Afrika Wüste Meer wünscht denkt Urwald

1 Die kleine Wolke

Es war einmal eine kleine Wolke.

Sie plätscherte ... / Dann ist das Wasser verdunstet und sie ist ... / Als Wolke segelt sie nun ... / Und sie schaut voller Staunen von oben ...

Vervollständige die Satzstücke in den Wolken mit den Satzanfängen, sodass ein sinnvoller Text entsteht. Schreibe den Text in dein Heft.

2 Wolkenfreunde

Eine kleine rosa Wolke traf eine kleine Schäfchenwolke. Beide waren schrecklich neugierig. Immer wieder staunten sie, wenn sie vom Himmel aus auf die Erde sahen.

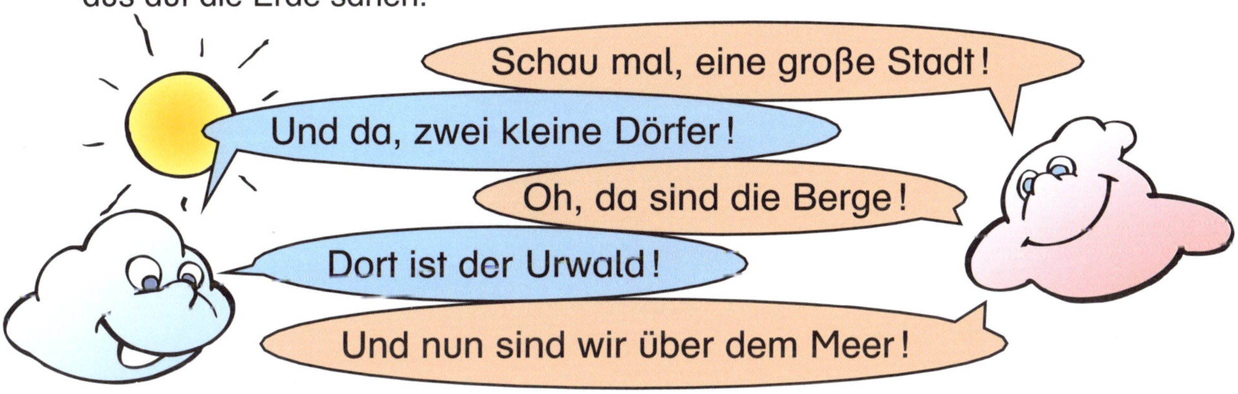

Schreibe das Gespräch zwischen den beiden Wolken auf.

Die kleine rosa Wolke rief: „ ... !" Die Schäfchenwolke rief: „ ... !"

3 Die Reise der kleinen Wolke

Es war einmal eine kleine Wolke. Sie lebte zuerst als Wasser in einem See, verdunstete an einem sonnigen Tag und kletterte dann hinauf zum Himmel. Nun schwebte sie dort oben und schaute auf die Welt. Da kam der Wind und blies sie fort. Jetzt begann eine lange Reise für die kleine Wolke. Sie flog über Städte und Dörfer, über die Berge und über die Wüste, über den Urwald und über das Meer.

Übe den Text. Wenn du ihn sicher schreiben kannst, lass ihn dir diktieren.

Lernwörter: Wolke Wasser verdunsten sonnig Himmel schwebte Wind blies flog fort Berge

Lernwörter: viel Klassenfest Theaterstück eingeübt Ballon halten damit alle Korb klettern können Lied

1 Das Klassenfest

Schreibe auf, was die Kinder überlegen.

Jan fragt die anderen: „ ... ?“
Larissa erklärt: „ ... !“ Da schlägt Lea vor: „ ... !“

2 Das Theaterstück

Die Kinder schwimmen fahren mit einem Ballon um die Welt.

Sie halten horchen an vielen Orten an.

So können Kinder aus vielen Ländern und Erdteilen in den Korb tanzen klettern.

In jedem Satz steht ein Wort, das nicht passt. Streiche es durch und schreibe die richtigen Sätze dann in dein Heft.

3 Alle Kinder dieser Erde

Die Kinder aus Jakobs Klasse kommen aus vielen Ländern und Erdteilen. Für das Klassenfest haben sie ein Theaterstück eingeübt, in dem sie mit einem Ballon durch die weite Welt fahren. Sie halten immer wieder an, damit Kinder aus allen Ländern in ihren Korb klettern können. Zum Schluss singen sie alle zusammen das Lied „Alle Kinder dieser Erde“.

Übe den Text. Wenn du ihn sicher schreiben kannst, lass ihn dir diktieren.

LERNWÖRTER-KRAFTTRAINING

Wiewörter (Adjektive) mit -ig und -lich

Ob du am Ende eines Wortes -ig oder -lich schreiben musst, hörst du, wenn du das Wort verlängerst,
z. B. sonnig – ein sonniger Tag, herrlich – die herrliche Stimme.

Trage in die Lücken der folgenden Sätze immer das passende verlängerte Adjektiv ein:

Ein ____________________ Windstoß blies mir den Hut vom Kopf.

Mein Vater ist ein ______________________ Autofahrer.

In Jakobs Buch stehen viele _______________ Geschichten.

Die Kinder verliefen sich in einem __________________ Wald.

In der Scheune fand Lea ein ______________________ Kätzchen.

Schreibe aus dieser Bildergeschichte eine spannende Geschichte in dein Heft.
Die Sätze unten können dir dabei helfen.

Wen hatte der kleine Junge einmal im Flugzeug vergessen? Was tat der Teddy? Was sah er, als er aus dem Fenster schaute? Was entdeckte er dann? Warum sprang er plötzlich ganz aufgeregt vom Sitz? Was dachte er? Wer hob ihn auf, als das Flugzeug gelandet war? Was sagte der Pilot? Wen besuchte er noch am gleichen Tag? Was sagte der Junge, als der Pilot ihm seinen Teddy zurückbrachte? Und was dachte der Teddy?

Es war einmal ein Riese

1

RIESENHÖHLERIESENWALDRIESENLANGEWEILERIESENHUNGER

Lies, was der Riese denkt, und finde die fehlenden Wörter. Die Wörterschlange hilft dir dabei. Schreibe die Geschichte mit den richtigen Wörtern in dein Heft.

Es war einmal ein Riese, der dachte so bei sich: „Bei mir ... !“

2 Auf der Suche nach einem Freund

IGEL REH AMSEL FUCHS HIRSCH HASE MAUS BÄR AMEISE

Kreise in der Wörterreihe die vier Tiere ein, die der Riese um ihre Freundschaft bittet. Suche dir zwei Tiere aus und schreibe das Gespräch zwischen den beiden und dem Riesen in dein Heft.

Der Riese fragt den Hasen: „ ... ?“ Der Hase antwortet: „ ... !“
Da fragt der Riese den Fuchs: „ ... ?“

3 Der Riese

In einer riesigen Höhle mitten im Riesenwald wohnte der Riese Rudi Rulla. Er lebte dort ganz allein. Eines Tages dachte er: „Ach, es ist so langweilig allein zu sein! Ich will mir einen Freund suchen.“ Und so zog er in die Welt. Er fragte den Hasen und das Reh, er fragte den Bären und den Fuchs. Aber alle riefen: „Nein, nein, du bist mir viel zu groß!“ Da war der Riese traurig.

Übe den Text. Wenn du ihn sicher schreiben kannst, lass ihn dir diktieren.

Lernwörter: Riese riesig Riesenwald Höhle mitten lebte allein dachte langweilig will fragte aber nein

1 Das alte Buch

Auf dem ____________________ ihrer Großeltern fand Lea eines Tages in einer uralten ___________ ein altes __________. Sie schlug es auf und begann zu ______________: **Der Weg ins Reich der ______________________ ...**

Auf den Steinen sind die Silben der Wörter versteckt, die in dem Text oben fehlen. Verbinde die passenden Silben miteinander, lies den Text und setze dabei die fehlenden Wörter ein. Schreibe die Geschichte dann in dein Heft.

2 Die geheime Karte

Im Buch fand Lea eine Karte, die den Weg ins Reich der Erdmonster genau zeigte. Hier ist sie:

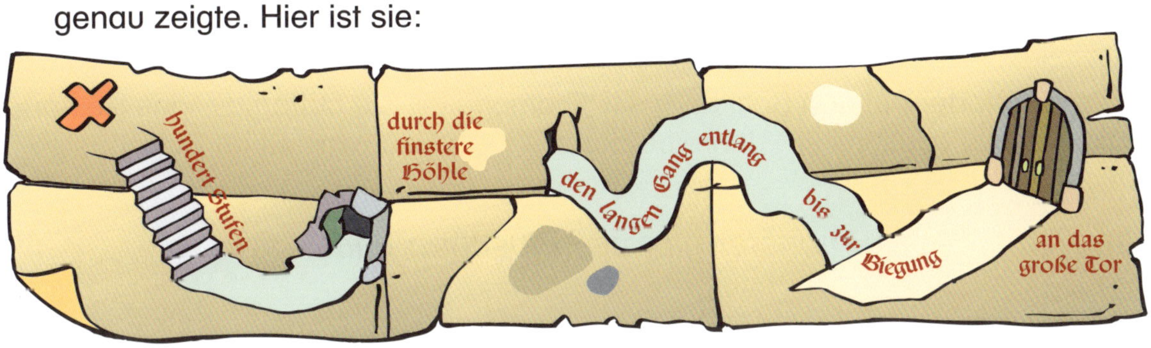

Sieh auf der Karte nach, in welcher Reihenfolge die Wegstücke ins Reich der Erdmonster zurückgelegt werden müssen. Schreibe die Stationen in der richtigen Reihenfolge in dein Heft.

So kommst du ins Reich der Erdmonster: Du musst ...

3 Das Reich der Erdmonster

Im Wald unter einem uralten Baum ist der Eingang in das unterirdische Reich der Erdmonster. Zuerst musst du hundert Stufen in die Tiefe steigen, dann kommst du in eine finstere Höhle und musst durch einen langen Gang wandern. Nach einer Biegung stehst du dann ganz plötzlich vor einer hohen Mauer mit einem großen Tor.

Übe den Text. Wenn du ihn sicher schreiben kannst, lass ihn dir diktieren.

Lernwörter: Biegung hohe Mauer Tor groß Reich uralt Eingang unterirdisch musst hundert Stufen Tiefe lang Gang

1 Leas Entschluss

Schreibe auf, was Lea dachte:

Als Lea zu Ende gelesen hatte, dachte sie: „ ... !“

2 Winzige Dinge im Erdmonsterreich

1. ein kleines Haus
2. ein kleiner Garten
3. ein kleiner Baum
4. ein kleiner Wald
5. ein kleiner Mann

Lies die Wörter auf den Schildern der Erdmonster. Sie helfen dir, das Kasten-rätsel richtig auszufüllen. Schreibe dann in dein Heft, was es im Erdmonster-reich alles gibt:

Im Reich der Erdmonster gibt es Häuschen und ...

Die Endsilbe *chen* ist eine Zaubersilbe.
Sie verwandelt große Dinge in kleine.

Unterstreiche die Zaubersilbe *chen* in den Wörtern.

3 Lea unterwegs

Als Lea zu Ende gelesen hatte, dachte sie: „Ich will das Reich der Erdmonster suchen.“ Und sie machte sich auf den Weg. Sie fand den uralten Baum im Wald und sie kletterte die hundert Stufen hinab. Bei jeder Stufe wurde sie ein bisschen kleiner. Und als sie am Tor der Erdmonsterstadt ankam, da war sie so klein wie ein richtiges Erdmonsterchen.

Übe den Text. Wenn du ihn sicher schreiben kannst, lass ihn dir diktieren.

Lernwörter: zu Ende gelesen fand hinab kleiner ankam Stadt richtiges

LERNWÖRTER-KRAFTTRAINING

d oder t am Ende eines Wortes?

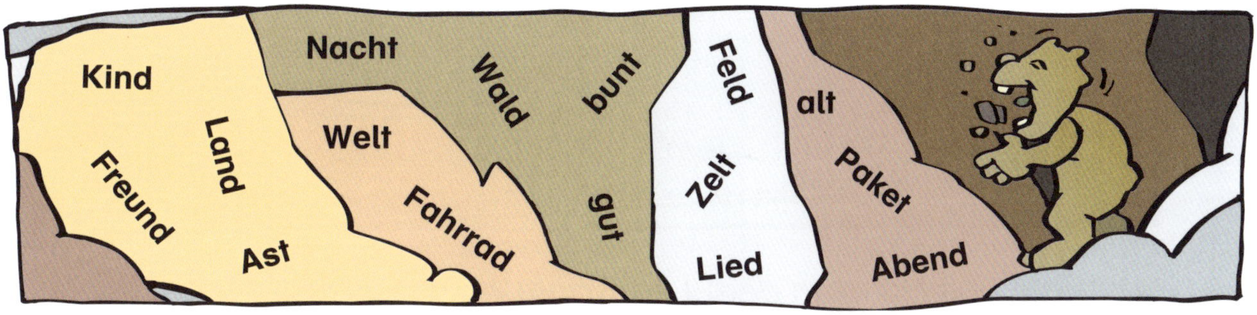

Bei all diesen Wörtern hört man beim Sprechen ein t am Schluss. Aber geschrieben wird manchmal auch ein d. Wenn du das Wort verlängerst, hörst du, ob du ein d oder ein t schreiben musst, z. B. bunt – die bunten Blumen.

Unterstreiche alle Wörter mit d am Ende rot und alle mit t am Ende grün.

Schreibe zuerst alle rot unterstrichenen und dann alle grün unterstrichenen Wörter in dein Heft. Schreibe immer die jeweilige Verlängerung dazu:
das Kind – die Kinder, alt – das alte Haus.

Schreibe aus dieser Bildergeschichte eine spannende Geschichte in dein Heft. Die Sätze unten können dir dabei helfen.

Wen trifft Lea, nachdem sie durch das Tor gegangen ist? Was fragen die Monster verwundert? Was antwortet Lea? Was wollen die Monster nun wissen? Was erklärt Lea ihnen? Was sagt das Monster daraufhin? Wohin bringen die Monster Lea, nachdem sie ihr ihr Zuhause gezeigt haben? Was sagt der König? Was gibt er Lea? Wo befindet sie sich plötzlich wieder? Was sieht sie neben sich liegen? Was denkt sie?

Das Jahr der Wiese

1

Wo steht das Haus, in dem Lea wohnt? Das Haus, in dem ... .
Wo ist Lea gern? Lea ist gern ... .
Was sagt Lea über die Wiese? Lea sagt: „ .... !“

2 Die Farben der Wiese

Jakob sagt: „Die Wiese ist grün.“ Lea sagt: „Die Wiese ist bunt.“
Larissa sagt: „Die Wiese ist braun.“ Jan sagt: „Die Wiese ist weiß.“

Im Frühling, wenn frisches Gras wächst, ist die Wiese ... .

Im Sommer, wenn sie voller Blumen und Schmetterlinge ist, ist sie ... .

Im Herbst, wenn das Gras welk ist, ist sie ... .

Im Winter, wenn Schnee gefallen ist, ist sie ... .

Ergänze die Sätze mit den passenden Wiewörtern (Adjektiven).

Wiewörter sagen, wie etwas ist. Sie werden mit einem kleinen Anfangsbuchstaben geschrieben.

3 Das Jahr der Wiese

Im Winter liegt oft Schnee auf der Wiese. Dann ist sie ganz weiß. Nur die Spuren der Vögel sind zu sehen. Im Frühling wird die Wiese grün. Die Gänseblümchen blühen und die ersten Bienen kommen. Im Sommer ist die Wiese dann mit ihren vielen Blumen ein buntes Paradies. Und im Herbst bereitet sie sich wieder auf den Winter vor.

Übe den Text. Wenn du ihn sicher schreiben kannst, lass ihn dir diktieren.

Lernwörter: Jahr Winter Wiese Schnee weiß sehen Frühling Sommer grün Gänseblümchen blühen Bienen vorbereiten Herbst Paradies

1 Wochenendpläne

Schreibe auf, wie sich Jan und Lea über ihre Wochenendpläne unterhalten:

Als sich Jan und Lea am Freitag voneinander verabschieden,
sagt Lea: „ ... ?“
Jan sagt: „ ... .“

2 Jan erzählt, was er im Wald tut

Verbinde die passenden Satzstücke und schreibe in dein Heft,
was Jan erzählt:

Jan erzählt: „Im Wald ... .“

3 Im Wald

Jan geht gerne in den Wald, hört den Vögeln zu und beobachtet die Rehe und die Hasen. Er staunt immer wieder, wie sehr sich der Wald im Laufe des Jahres verändert. Im Herbst ist er herrlich bunt. Im Winter ist er kahl und still, und im Frühling und im Sommer ist er voller Leben.

Übe den Text. Wenn du ihn sicher schreiben kannst, lass ihn dir diktieren.

Lernwörter: Wald geht gerne hört Tiere staunt sehr im Laufe kahl still

1 Das Gespräch der Bäume

Schreibe das Gespräch der beiden Bäume in dein Heft.

Die Birke sagt: „ ... .“
Die Buche meint: „ ... .“

2 Zzzzzzzzzzzz!

Suche die vier Wörter, die mit Z/z beginnen, und schreibe sie in dein Heft. Dann suche die vier Wörter, die mit z enden, und schreibe sie verlängert auf, z. B. das Herz – die Herzen.

Suche nun die Wörter, die ein tz in der Mitte haben, und schreibe sie nach Silben getrennt auf, z. B. sit-zen.

3 Der Baum erzählt

Am liebsten mag ich den Sommer. Im Sommer ist hier im Wald immer etwas los. Dann zwitschern die Vögel in meinen Zweigen. Das Eichhörnchen flitzt am Stamm hinauf bis in die höchste Spitze. Das Kaninchen sitzt vergnügt zwischen meinen Wurzeln. Die Waldmäuse laden mich zu ihrem Sommerfest ein. Und in der Nacht erzählt mir die Eule spannende Geschichten.

Übe den Text. Wenn du ihn sicher schreiben kannst, lass ihn dir diktieren.

Lernwörter: Baum am liebsten zwitschern spannend flitzt Stamm hinauf höchste Spitze Kaninchen Wurzeln Waldmäuse

LERNWÖRTER-KRAFTTRAINING

Wörter mit St/st und Sp/sp

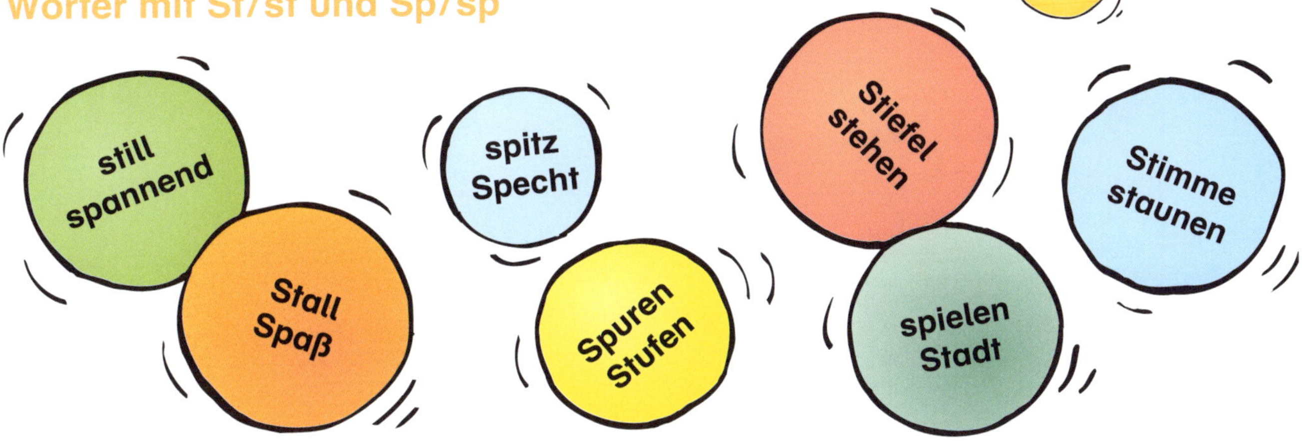

Bei diesen Wörtern sprechen wir sch und schreiben nur ein s. Das ist so bei allen Wörtern, bei denen nach dem Sch-Laut ein t oder ein p steht.

Die Rechtschreibregel heißt:
Vor t und vor p wird nie ein sch geschrieben, sondern immer nur ein s.

Schreibe zuerst die Wörter mit St/st und dann die Wörter mit Sp/sp in dein Heft.

Schreibe aus dieser Bildergeschichte eine spannende Geschichte in dein Heft. Die Sätze unten können dir dabei helfen.

Wo stand der Baum schon seit vielen Jahren? Was dachte er, als die Sonne so schön warm schien? Was sagte Jans Mutter, als sie alle Äpfel abgepflückt hatte? Was sagte Jans Vater dazu? Was holte er aus seiner Werkstatt? Was sagte er dann? Was machte der Baum für ein Gesicht, als er das hörte? Was rief Jan? Hat sein Vater den Baum nun gefällt? Was tat Jan am Abend, bevor er schlafen ging? Was flüsterte der Baum?

Leas neue Freundin

1

Hanna ist Leas hohe neue bunte Freundin.
Sie wohnt in auf an einem Fluss.
Sie sitzt oft am Ende Ufer Dach des Flusses.
Mit Schiffen und Wasservögeln kennt sie sich schnell alt gut aus.

In dieser Geschichte gibt es in jedem Satz Auswahlwörter. Wähle das Wort aus, das am besten passt, und streiche die beiden anderen durch. Schreibe dann die Geschichte in dein Heft.

2 Wellenwörter

WASSERSCHIFFFLUSSFUTTERSONNE

treffenlassenbittenkennenkommenfallen

Trenne die Wörter in den Wörterwellen voneinander und schreibe sie in dein Heft. Alle Wörter haben doppelte Mitlaute. Unterstreiche sie im Heft. Sprich die Wörter laut aus und achte darauf, dass die Selbstlaute, die vor den doppelten Mitlauten stehen, kurz gesprochen werden.

3 Am Fluss

Hanna wohnt am Fluss. Oft sitzt sie am Ufer und schaut auf das Wasser, in dem sich die Sonne spiegelt. Sie sieht den Möwen zu, die sich immer wieder um ihr Futter zanken, und sie beobachtet die großen Schiffe, die schwer beladen vorübertuckern. Manchmal wünscht sie sich, auf einem solchen Frachter zu wohnen und über den Fluss zu fahren.

Übe den Text. Wenn du ihn sicher schreiben kannst, lass ihn dir diktieren.

Lernwörter: Fluss Ufer zanken Schiffe schwer beladen tuckern solchen Frachter Möwen Futter spiegelt der Spiegel

1 Am Meer

In den ______________ war Jakob bei seinem ______________ Nils. Onkel Nils wohnt am ______________. Er hat ein ____________, einen richtigen kleinen Fischkutter, mit dem er aufs Meer hinausfährt. Jakob malt ein _________ für Onkel Nils.

Lies die Geschichte und setze dabei die fehlenden Wörter ein. Du findest sie in den Booten unter dem Text. Dann schreibe die Geschichte in dein Heft.

2 Jakobs Bild

Steuerhaus
Fahne
Mast
Möwen
Leinen
Rettungsring
Netze
Beiboot
Fischkutter

Lies die Wörter und verbinde sie mit den dazugehörenden Bildteilen. Schreibe dann in dein Heft, was Jakob auf sein Bild malt.

Jakob malt den Fischkutter und das Meer, den Mast und ... .

3 Der kleine Matrose

Jakobs Onkel wohnt am Meer. Er hat einen kleinen Fischkutter. In den Ferien durfte Jakob mit Onkel Nils zum Fischen fahren. Jakob schaute sich auf dem Schiff alles genau an: die Fahne am Mast, den Rettungsring und das Steuerhaus. Onkel Nils startete den Motor und rief: „Nun alle Leinen los, mein kleiner Matrose!“ Und schon ging es auf große Fahrt.

Übe den Text. Wenn du ihn sicher schreiben kannst, lass ihn dir diktieren.

Lernwörter: Matrose Onkel Fischkutter Ferien das Fischen Mast Fahne
Rettungsring Steuerhaus startete Motor Leinen Fahrt

1 Die Fische im Teich

Schreibe das Gespräch der beiden Mädchen auf.

Lea schlägt vor: „Komm, ... !“ Larissa antwortet: „ ... !“

2 Buchstabenfresser

Die Fische haben Wörter verschluckt und die Buchstaben dabei durcheinander gebracht. Ordne die Buchstaben und schreibe die Wörter dann in dein Heft. Schau bei den Lernwörtern nach, ob die Wörter richtig geschrieben sind.

3 Die Fische im Teich

Mitten im Stadtpark ist ein großer Teich. In dem Teich leben viele Fische, leuchtend rote Goldfische und dicke Karpfen. Wenn die Kinder aus der Schule kommen, gehen sie oft am Teich vorbei und füttern die Fische mit den Resten vom Pausenbrot. Eines Tages, als Lea einmal allein am Teich war, sprang ein kleiner Fisch aus dem Wasser, fast genau in Leas Hand.

Übe den Text. Wenn du ihn sicher schreiben kannst, lass ihn dir diktieren.

LERNWÖRTER-KRAFTTRAINING

Wir trennen nach Sprechsilben

Es gibt Wörter, die nur eine Sprechsilbe haben. Solche Wörter kann man nicht trennen,
z. B.: Jan ist oft am Fluss.

Es gibt Wörter aus zwei Silben. Man kann sie nach der ersten Silbe trennen,
z. B.: Jakob malte viele Bilder. Ja-kob mal-te vie-le Bil-der.

Wenn die Wörter mehr als zwei Silben haben, können sie nach jeder Silbe getrennt werden, ein einzelner Buchstabe darf dabei nicht abgetrennt werden.
z. B.: Ozeanriesen befahren unsere Weltmeere.
Oze-an-rie-sen be-fah-ren un-se-re Welt-mee-re.

Wenn in einem Wort ein doppelter Mitlaut steht, wird meist zwischen den beiden Buchstaben getrennt,
z. B.: Schif-fe, Wet-ter, Ret-tungs-ring.

Wenn aber nach dem doppelten Mitlaut noch ein anderer Mitlaut folgt, dann wird nach dem doppelten Mitlaut getrennt,
z. B.: woll-te, schaff-ten, könn-te.

Im folgenden Satz sind Wörter mit einer Silbe und mit mehreren Sprechsilben enthalten. Schreibe sie so in dein Heft, dass nach jeder Silbe ein Trennstrich steht. Die einsilbigen Wörter haben dann natürlich keinen Trennstrich.

Jakob wollte einmal als Matrose auf dem Fischkutter seines Onkels auf das Meer hinausfahren.

Schreibe aus dieser Bildergeschichte eine spannende Geschichte in dein Heft. Die Sätze unten können dir dabei helfen.

Wohin war Lea nach der Schule gegangen? Was tat sie dort am See? Was geschah, als sie ein paar Brotstückchen ins Wasser warf? Was rief Lea? In was verwandelte sich der schöne Fisch plötzlich? Was rief die kleine Nixe Lea zu? Was zeigte sie Lea? Wozu lud sie Lea ein? Was rief sie dann ein letztes Mal? Was tat Lea? Was dachte sie, als sie ihre nasse Hand anschaute?

Drachen oder Saurier

1

Schreibe das Gespräch von Jan und Jakob auf.

Jakob sagt: „ ... !“ Da meint Jan: „ ... !“ Aber Jakob erklärt: „ ... !“

2 Zahlen und Zahlwörter

fünf **vier** **drei** **hundert** **zehn** **sechs** **sieben** **neun** **tausend** **zwei**

Verbinde die Zahlwörter mit den passenden Zahlen im Bild. Schreibe die Zahlwörter der Größe nach in dein Heft. Beginne mit **zwei**.

3 Drachen oder Saurier

Vor vielen tausend Jahren, als es noch keine Menschen auf der Erde gab, lebten hier die Drachen. Natürlich waren das keine Märchendrachen, sondern riesengroße Dinosaurier. Manche lebten im Meer und manche auf dem Land. Manche hatten sogar Flügel und flogen wie Vögel durch die Luft. Inzwischen sind die Dinosaurier längst ausgestorben.

Übe den Text. Wenn du ihn sicher schreiben kannst, lass ihn dir diktieren.

Lernwörter: Drachen riesengroß tausend natürlich sondern Saurier
Luft manche Flügel inzwischen ausgestorben längst

1 Jans Drachen

Die Kinder haben große Bögen Papier vor sich liegen. Farben und Pinsel liegen auch auf dem Tisch. Frau Müller sagt: „Heute malen wir große, gefährliche Drachen.“
Alle überlegen, wie sie ihren Drachen malen sollen.

... mit sieben schrecklichen Köpfen

... mit einem aufgerissenen Maul

... mit einem gezackten Schwanz

... mit gewaltigen Pranken

... mit gekrümmten Hörnern

... mit riesigen Flügeln

Suche dir mindestens vier Beschreibungen für Jans Drachen aus und schreibe auf, wie Jan seinen Drachen malt:

Jan malt seinen Drachen mit ... und mit ... .

Wenn du Lust hast, kannst du Jans Drachen auch malen.

2 Leas Drachenrätsel

1. Mädchenname
2. etwas Gemaltes
3. ein anderes Wort für Rauch
4. ein anderes Wort für Tatze
5. Zehennägel bei manchen Tieren
6. daran befestigt man eine Leine
7. daraus kommt beim Drachen Qualm

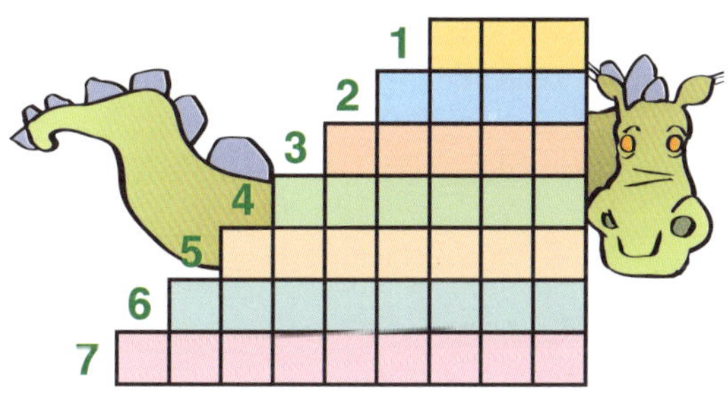

Halsband Bild Nasenloch Lea Pranke Krallen Qualm

Fülle das Treppenrätsel aus. Die umgedrehten Wörter in der Wörterreihe helfen dir, die richtigen Lösungen zu finden. Schreibe die Rätselwörter in dein Heft.

3 Leas Drachen

Lea sitzt an ihrem Tisch und malt ein Bild. Sie malt einen Drachen, einen grünen Drachen mit großen Flügeln. Aus seinem riesigen Maul kommt leuchtend rotes Feuer und aus seinen Nasenlöchern kommt dicker, grauer Qualm. Lea malt noch gefährliche Pranken mit scharfen Krallen dazu.
Dann malt sie ihm ein Halsband und eine Leine.
Und wer hält die Leine? Lea natürlich!

Übe den Text. Wenn du ihn sicher schreiben kannst, lass ihn dir diktieren.

Lernwörter: Tisch Bild Maul Feuer Nasenlöcher Qualm Pranken Krallen gefährlich scharf Halsband

1 In der Drachenhöhle

Schreibe die Geschichte der beiden Drachen auf:

Zwei Drachen sitzen am Eingang ihrer Höhle. Die Drachenfrau fragt traurig: „ ... ?“ Der Drachenmann antwortet: „ ... !“

2 Drachengedicht

Es lebte ein Drache in meinem Haus.
Er sah ganz grün und riesig ______.
Zwar war es ein schüchterner, scheuer,
doch spuckte er täglich ____________.
Das war auf Dauer recht ____________.

Bei diesem kleinen Drachengedicht fehlen die Reimwörter. Setze sie aus den Buchstaben des Drachenfeuers zusammen und setze sie an den passenden Stellen ein. Schreibe das Gedicht in dein Heft.

3 Ein Drachenmärchen

In einer finsteren Höhle am Rande des Märchenwaldes lebte einmal ein Drache mit seiner Drachenfrau. Wenn es ihnen schlecht ging, spuckten sie Feuer und aus ihren Nasen quoll giftiger Qualm. Dadurch war das Land ringsum verwüstet und die Menschen zitterten vor Angst. Eines Tages wurde ein hübsches kleines Drachenkind geboren. Nun ging es den Drachen gut und sie mussten kein Feuer mehr spucken.

Übe den Text. Wenn du ihn sicher schreiben kannst, lass ihn dir diktieren.

Lernwörter: Drachenfrau Angst spuckten schlecht quoll giftiger ringsum verwüstet zitterten hübsches Drachenkind

LERNWÖRTER-KRAFTTRAINING

Die Wortfamilie spielen

verspielt
Spielzimmer
Klavierspiel
Spielzeug

Spiegel
Spieluhr
Spieler
spielend

Kartenspiel
sie spielt
Fußballspiel
vorspielen
abspielen

Völkerball
Spielplatz
Spielzeit
Würfelspiel
Geigenmusik

Hier siehst du Wörter aus der Wortfamilie spielen. Aber es haben sich wieder drei Wörter dazugemogelt, die nicht zur Wortfamilie gehören. Kreise sie ein.

Schreibe in dein Heft drei Wörtergruppen: zuerst die Wörter, bei denen der Wortstamm spiel am Anfang des Wortes steht, dann die Wörter, bei denen der Wortstamm am Ende des Wortes steht. Zum Schluss schreibst du die Wörter auf, bei denen spiel im Innern des Wortes steht.

Schreibe aus dieser Bildergeschichte eine spannende Geschichte in dein Heft. Die Sätze unten können dir dabei helfen.

Was dachte das Drachenkind, als es eines Tages vor der Höhle lag? Was nahm es sich vor? Was meinten die Dracheneltern, als sie ihr Kind fortwandern sahen? Wer wanderte genau zur gleichen Zeit durchs Menschenland? Was sagte der Vater? Und der kleine Junge? Wofür schichtete der Vater gerade Holz auf? Was hatte die Mutter entdeckt und was rief sie? Was meinte der Vater? Was tat der kleine Junge? Was sagte der Drache, als er bei dem Jungen angekommen war? Um was bat der Junge ihn? Was waren die zwei seitdem?

Wie zu Omas Jugendzeit

1

Liebe Oma,

viele Grüße aus unserem SUAHNEIREF!
Hier ist es ganz anders als zu Hause.
Es gibt keinen REHESNREF und keinen
RETUPMOC. Abends sitzen wir am REUEF
zusammen und machen ELEIPS.

Deine ASSIRAL

Zuerst hat Oma sich über die seltsamen Wörter in diesem Brief gewundert. Aber dann hat sie sie einfach von hinten nach vorn gelesen. Versuch es doch auch mal! Du kannst auch einen Spiegel zu Hilfe nehmen. Schreibe dann den Brief mit den richtigen Wörtern in dein Heft.

2 Ein Spruch an der Mauer

Bei diesem Satz fehlt jedem Wort ein Buchstabe am Wortanfang. Es fehlen große und kleine Buchstaben. Setze sie ein. Du findest sie in den Blättern unter der Mauer. Schreibe den Satz dann in dein Heft.

3 Früher

Wenn Uroma von früher erzählt, hören die Kinder immer ganz gespannt zu. Dann sagt Uroma zum Beispiel: „Ach ja, früher war alles ganz anders. Es gab noch keine Fernseher und erst recht keine Computer. Auf den Straßen fuhren viel weniger Autos und alles ging ein bisschen ruhiger zu. Aber wir Kinder hatten immer viele Freunde, mit denen wir spielen konnten."

Übe den Text. Wenn du ihn sicher schreiben kannst, lass ihn dir diktieren.

Lernwörter: Uroma gespannt keine Fernseher Computer Autos Straßen erst recht weniger damals

1 Die Römerstraße

Schreibe das Gespräch auf. *Lea sagt: „ ... !“ Jan meint: „ ... !“*

2 Gefäße aus römischer Zeit

Versuche die Wörter zu lesen, die in diesen alten römischen Gefäßen stecken. Schreibe sie in dein Heft. Setze vor die vier Namenwörter den passenden Artikel.

3 Ein römischer Junge

Jan hat ein neues Buch mit Geschichten von früher. Die Geschichten spielen alle in seiner Heimatstadt. In dem Buch steht auch eine Geschichte von einem kleinen römischen Jungen, der hier vor mehr als tausend Jahren gelebt hat. Sein Vater war Händler. Er fuhr mit seinen Waren von Stadt zu Stadt. Wenn er von einer solchen Reise nach Hause kam, hatte er immer viel zu erzählen.

Übe den Text. Wenn du ihn sicher schreiben kannst, lass ihn dir diktieren.

Lernwörter: ein römischer Junge die Heimatstadt wenn der Händler die Waren

1 In der Steinzeit

Schreibe eine kleine Geschichte von Hella und ihrer Mutter.
Du kannst z. B. so beginnen:

Das neue Fell
Hellas Mutter schabt gerade mit einem Steinschaber ein neues Fell ab. Da kommt Hella und ruft: „ ... !“ Die Mutter antwortet: „ ... !“

2 Da fehlt etwas

W RKZEUGE
ST INZEIT
RUD L
H RSCHE
J GER
KLEID NG

WERK EUGE
S EINZEIT
RU EL
HIR CHE
JÄ ER
K EIDUNG

WER ZEUGE
STEIN EIT
R DEL
HI SCHE
JÄG R
KLEIDUN

Jedes Wort steht dreimal da. Aber jedes Mal ist ein Buchstabe weggelassen worden. Überlege, welcher Buchstabe fehlt, und füge ihn ein. Schreibe die sechs Wörter dann in dein Heft.

3 In der Steinzeit

Das Mädchen Hella lebte zu einer Zeit, als hier bei uns noch dichter Urwald war. Damals lebten die Menschen meist in Höhlen. Ihre Kleidung war aus Fellen gemacht und ihre Werkzeuge waren aus Stein. Eines Tages entdeckte Hella im Wald ein Rudel Hirsche. Sie schlich leise zur Wohnhöhle zurück, um den Jägern von den Hirschen zu erzählen.

Übe den Text. Wenn du ihn sicher schreiben kannst, lass ihn dir diktieren.

Lernwörter: Steinzeit dicht Kleidung Felle Werkzeuge Stein entdeckte Rudel Hirsche schlich Wohnhöhle leise Jäger

LERNWÖRTER-KRAFTTRAINING

Zusammengesetzte Nomen

Zusammengesetzte Nomen können aus zwei Nomen bestehen,
z. B.: Die Höhle der Drachen ist eine Drachenhöhle.

Zusammengesetzte Nomen können auch aus einem Nomen und einem Verb bestehen,
z. B.: Eine Höhle, in der man wohnen kann, ist eine Wohnhöhle.

Lea holte für den kleinen Kai ein Buch, ein ________________________.

Larissa schrieb von einem Haus, von ihrem _________________________.

Der römische Händler brachte Waren, _____________________________.

Schnell lief Hella zur Höhle, zur ____________________________.

In diesen Sätzen fehlt immer ein Wort, ein zusammengesetztes Nomen, das genau erklärt, um welch ein Buch, um welch ein Haus usw. es geht. In der Wörterleiste stehen die zusammengesetzten Nomen, die du einsetzen musst. Suche die passenden Wörter aus und schreibe die Sätze in dein Heft.

Ferienhaus **Bilderbuch** **Wohnhöhle** **Tauschwaren**

Schreibe aus dieser Bildergeschichte eine spannende Geschichte in dein Heft.
Die Sätze unten können dir dabei helfen.

Wohin lief Hella, so schnell sie konnte? Wer saß vor der Wohnhöhle und arbeitete an einem neuen Speer? Was rief Hella? Was fragte ihr Vater? Was antwortete Hella? Wen rief der Vater sofort? Was sagte er? Aber was meinte ihre Mutter? Was sagte der Vater darauf? Wann kamen die Männer zurück? Was hatten sie erlegt? Wie trugen sie die Jagdbeute? Wer durfte auf Vaters Schultern sitzen? Was wurde am nächsten Tag gefeiert? Was bekam Hella bei diesem Fest geschenkt? Was sagte ihr Vater? Ob Hella wohl stolz war?

Was für ein Wetter

1

Schreibe auf, was Lea denkt:

Als Lea am Sonntagmorgen die Vorhänge zur Seite schiebt, denkt sie: „ ... !“

2 Was passt zusammen?

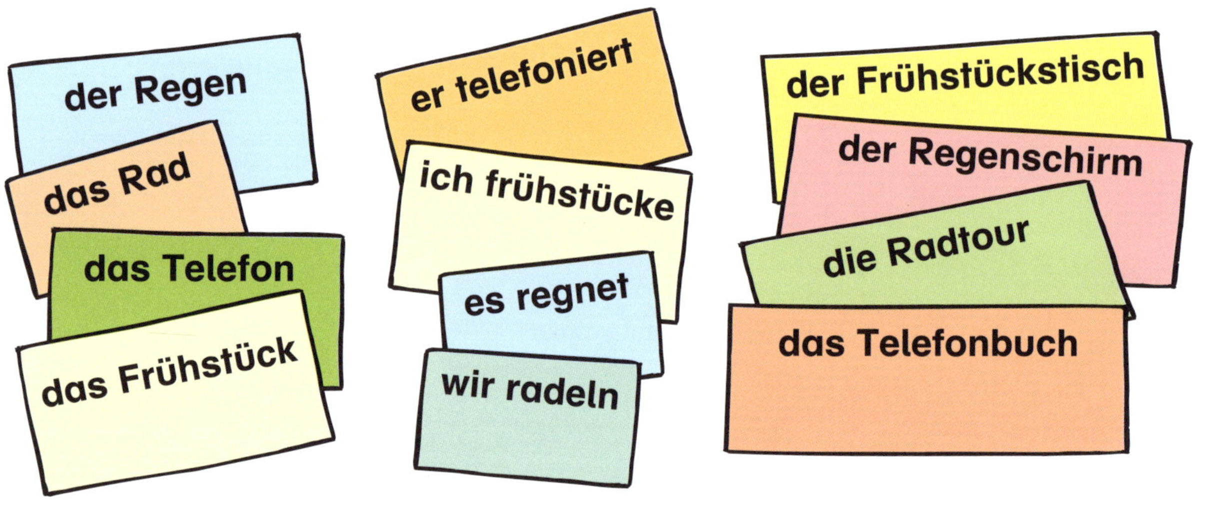

Suche aus diesen Wörtern vier Gruppen mit je drei verwandten Wörtern und schreibe sie in dein Heft, z. B. der Regen, es regnet, der Regenschirm.

3 Regenwetter

Als Lea am Sonntag Morgen wach wurde, trommelte der Regen gegen die Fensterscheibe. Sie schob die Vorhänge zur Seite, schaute hinaus und dachte: „So ein Mist! Und gerade heute wollten Larissa und ich doch eine Radtour machen! Na ja, dann müssen wir uns eben etwas anderes ausdenken.“ Gleich nach dem Frühstück telefonierte sie mit Larissa. Und schon hatten sie eine Idee.

Übe den Text. Wenn du ihn sicher schreiben kannst, lass ihn dir diktieren.

Lernwörter: Sonntag wach trommelte Regen gegen schob Fensterscheibe Vorhänge Seite Mist Radtour eben Frühstück telefonierte Idee

1 Larissas Idee

Schreibe auf, was Lea und Larissa vorhaben. Du kannst so beginnen:

Lea und Larissa gehen in den Hobbykeller. Mama fragt: „Was wollt ihr denn da?“ Larissa erklärt: „ ... !“ Lea ruft: „ ... !“

2 Das tun die beiden Mädchen

nageln

sie band

sie hat gelacht
sie hat geformt

formen
sie nagelte
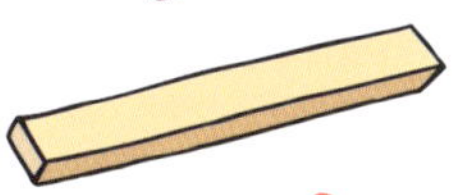
sie hat genagelt

ziehen
binden
sie lachte
sie hat gezogen
lachen

sie formte
sie zog
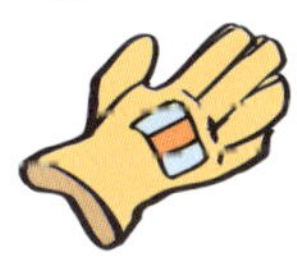
sie hat gebunden

Von jedem Verb findest du hier die Grundform (z. B. nageln), die Vergangenheitsform (z. B. sie nagelte) und die Form der vollendeten Gegenwart (z. B. sie hat genagelt).
Schreibe jeweils die drei passenden Formen zusammen ins Heft.

3 Die Regenscheuche

Lea und Larissa liefen in den Hobbykeller. Sie nagelten Latten zusammen und formten einen Ball aus Lumpen. Dann zogen sie eine Plastiktüte darüber und banden den Ball an dem Lattengerüst fest. Da kamen Jan und Jakob. Jan fragte: „Was macht ihr denn da?“ Und Jakob meinte: „Soll das eine Vogelscheuche werden?“ Da lachte Lea: „Nein, das wird eine Regenscheuche!“

Übe den Text. Wenn du ihn sicher schreiben kannst, lass ihn dir diktieren.

Lernwörter: Regenscheuche Vogelscheuche Hobbykeller Latten Lumpen Ball Plastiktüte Lattengerüst nagelten banden

1 Eine schöne Regenscheuche

Schreibe auf, wie die Kinder die Regenscheuche anziehen wollen. So kannst du beginnen:

Eine schöne Regenscheuche
Das Gerüst für die Regenscheuche ist fertig.
Die Kinder haben ihr auch ein lustiges Gesicht gemalt.
Jan sagt: „ ... ." Lea erklärt: „ ... ." Larissa lacht: „ ... ." Jakob ruft: „ ... !"

2 Regen-Wörter-Schlange

REGENTROPFENREGENSCHIRMREGENMANTELREGENWETTERREGENTANZ

Trenne die zusammengesetzten Wörter voneinander und schreibe sie mit dem passenden Artikel in dein Heft. Denke daran, dass auch zusammengesetzte Nomen mit einem großen Anfangsbuchstaben geschrieben werden.

3 Der Regentanz

Die vier Freunde haben eine tolle Regenscheuche gebastelt. Sie haben ihr einen alten Regenmantel angezogen, sie haben ihr einen Hut aufgesetzt, und sie haben ihr einen kaputten Regenschirm über den Arm gehängt. Dann haben sie sich selbst auch Regenmäntel angezogen und die Regenscheuche im Vorgarten in den Boden gesteckt. Jetzt tanzen sie mit wilden Liedern um die Regenscheuche herum.

Übe den Text. Wenn du ihn sicher schreiben kannst, lass ihn dir diktieren.

Lernwörter: Regentanz Regenmantel angezogen aufgesetzt Arm gehängt Vorgarten Boden tanzen Lieder gesteckt

LERNWÖRTER-KRAFTTRAINING

Wörter mit ck

Wenn du hinter einem kurz gesprochenen Vokal ein k hörst, müsste das k eigentlich verdoppelt werden. Ein doppeltes k gibt es aber in unserer Sprache nicht. Stattdessen steht immer ein ck.

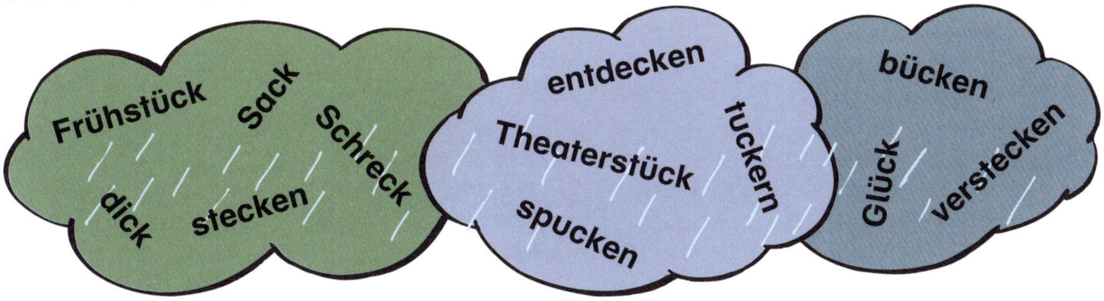

Lies die Wörter aufmerksam, damit du hören kannst, dass der Selbstlaut (a, e, i, o, u) vor dem ck kurz gesprochen wird.

Unterstreiche bei allen Wörtern das ck und schreibe die Wörter dann in dein Heft. Schreibe zuerst die Nomen mit dem passenden Artikel auf, dann die Verben und schließlich das Adjektiv. Sprich dabei immer leise mit.

Schreibe aus dieser Bildergeschichte eine spannende Geschichte in dein Heft. Die Sätze unten können dir dabei helfen.

Wer war in der Nacht unterwegs? Was dachte sich die Katze? Wer stand vor dem Baum mit dem Vogelnest? Was tat sie im Wind? Was dachte die Katze, als sie das hörte? Wer kam nach einiger Zeit? Was sagte der eine von ihnen? Was flüsterte plötzlich der andere? Was dachte die Regenscheuche? Was sah sie kurze Zeit später? Was dachte sie und was nahm sie sich vor? Und was passierte dann?

zu Seite 6

Zwei Freunde

Jan wohnt auf einem alten Bauernhof. Jakob wohnt in einem Haus in einer Siedlung am Waldrand. Jan und Jakob sind gute Freunde.

zu Seite 7

Mit dem Fahrrad zur Schule

Jeden Morgen treffen sich Jan, Larissa und Jakob an dem großen Garten am alten Haus, in dem Larissa wohnt. Sie fahren mit dem Fahrrad zur Schule.

zu Seite 8

Larissas Garten

Die Kinder treffen sich auf dem großen Platz neben der Schule. Larissa sagt: „Kommt heute in den alten Garten neben unserem Haus!" Jan ruft: „Wir kommen!"

zu Seite 10

Vier Freunde

Lea und Larissa sind in der Küche im alten Haus. Da ruft Jan an. Er sagt: „Kommt ihr mit dem Fahrrad zum Waldrand? Wir zelten heute dort. Jakob kommt auch."

zu Seite 11

Ein Kind aus dem Zirkus

Frau Müller kommt mit einem neuen Kind in die Klasse. Sie sagt: „Das ist Tom. Tom ist ein Kind aus dem Zirkus. Im Zirkus ist Tom ein Clown. Da macht er viele lustige Kunststücke."

Der Clown im Zirkus

Heute spielt Jakob den Clown im Zirkus. Er macht viele Witze und er tanzt wie Lea auf dem Seil. Die Zuschauer rufen: „Super, Jakob!"

zu Seite 12

Am Abend

Es ist Abend. Lea und Larissa stehen in dem großen, alten Garten hinter dem Haus. Es ist dunkel auf der Wiese und der Waldrand ist schwarz. Lea sagt: „Komm mit ins Haus! Hier ist es zu dunkel."

Das Geräusch

Die vier Kinder schlafen im Zelt. Plötzlich werden sie wach. Da war ein Geräusch! Lea ruft: „Was war das?" Jan kriecht aus dem Zelt. Auf der dunklen Wiese steht Jans schwarzes Pony.

zu Seite 14

Die kleine Katze

Die Kinder spielen auf dem Bauernhof. Sie kennen sich gut aus in den Ställen und in der Scheune. Plötzlich ruft Larissa: „In der Scheune ist eine kleine Katze! Ich hole Milch und füttere sie!"

zu Seite 15

Die Ernte

Jans Vater fährt mit dem neuen Traktor auf das Feld. Die Kinder dürfen mitfahren. Sie steigen begeistert hinten auf den Wagen, und los geht es. Sie holen zusammen das Stroh vom Feld.

zu Seite 16

Auf dem Feld

Eine große Maschine fährt auf das Feld. Sie soll die Kartoffeln ernten. Früher mussten sich die Leute oft bücken, um die Kartoffeln zu ernten. Jan sagt: „Zum Glück gibt es heute Maschinen!"

zu Seite 18

Die Hütte im Wald

Im Wald steht eine alte Hütte. Sie liegt gut versteckt zwischen Büschen und Bäumen. Die Kinder kennen den Platz mit der Hütte gut. Aber wer in der Hütte wohnt, das ist ein Geheimnis.

zu Seite 19

Das Abenteuer

Jan und Jakob schleichen durch den Wald. Sie sind leise. Sie wollen zu der alten Hütte gehen. Jan flüstert: „Da ist die Hütte!" Jakob sagt: „Komm, wir steigen hinein." Da geht plötzlich die Tür auf… .

Die Tiere im Wald

Lea sagt: „Komm, Larissa, heute gehen wir in den Wald und beobachten die Tiere." Am Waldrand sehen sie vier kleine Hasen. Dann hören sie aus dem Wald ein Geräusch. Larissa flüstert: „Was ist das?" Lea sagt leise: „Das ist ein Specht."

zu Seite 20:

Verirrt

Lea malt einen Wald, einen großen Wald mit vielen Bäumen. In dem Wald sind viele Tiere. Ein Kind wandert durch den Wald. Es ist sehr müde, denn es hat sich verirrt. Da kommt eine Eule und zeigt dem Kind den Weg.

zu Seite 22

Kai und der Zug

Kai ist ganz aufgeregt. Er darf heute mit dem Zug fahren. Auf dem Bahnhof gibt es viel zu sehen. Viele Züge fahren von den Bahnsteigen ab. Endlich kommt der Zug, mit dem Kai fahren soll. Er steigt ein.

zu Seite 23

Glück gehabt!

Tante Julia und Kai steigen in den Zug. Kai ist immer noch ganz aufgeregt. Endlich sitzt er auf seinem Platz. Plötzlich ruft er: „Tante Julia, mein Teddy ist noch auf dem Bahnsteig!" Aber Tante Julia zeigt auf den Koffer. Da sitzt der Teddy!

zu Seite 24:

Die große Reise

Es war einmal ein Teddy, der beschloss eine große Reise zu machen. Er fragte die kleine Lokomotive: „Darf ich mit dir fahren?" Die Lokomotive freute sich und sagte: „Ja, komm mit mir!" In der Nacht dampfte die kleine Lokomotive hinaus in die weite Welt. Der Teddy sah glücklich aus dem Fenster.

zu Seite 26:
Der kranke Teddy
Kais Teddy ist krank. Kai untersucht den Teddy. Der Teddy sagt: „Au, au! Der Bauch tut mir so weh!“ Da sagt Kai: „Und Fieber hast du auch. Du musst schnell ins Krankenhaus.“

zu Seite 27:
Auf der Kinderstation
Heute ist ein besonderer Tag für die Kinder auf der Kinderstation. Die Krankenschwester kommt mit einem Clown in das Krankenzimmer. Der Clown macht viele Witze und Lea und die anderen Kinder lachen.

zu Seite 28:
Im Traumland
In der Nacht gehen die Kinder ins Traumland. Sie liegen zwischen den Blumen auf der Traumwiese, sie steigen auf den Traumbaum und sie machen mit der kleinen Lokomotive eine Reise ins Abenteuer.

zu Seite 30:
Bücher
Jan und Jakob holen sich Bücher aus der Bücherei. Jan hat ein Abenteuerbuch und ein Buch über Tiere ausgeliehen. Jakob hat sich ein Buch mit Witzen und ein Buch über einen wilden, kleinen Esel ausgesucht.

zu Seite 31:
Das Kind und der Rabe
Ein Kind saß mit einem Buch unter einem Baum und las. Da kam ein Rabe vorbei und fragte: „Was liest du da?“ Das Kind sagte: „Eine Geschichte von einem Raben.“ Da rief der Rabe: „Und ist der Rabe in der Geschichte der König der Vögel?“

zu Seite 32:
In der Stadt
Nicht nur im Wald leben viele Tiere, auch in der Stadt. Eines Tages flog der Rabe zu allen Tieren und rief sie zu einer Versammlung. Alle kamen in der Nacht zusammen. Sie kamen auf den großen Platz in der Mitte der Stadt. Was sie wohl beschlossen?

zu Seite 34:
Eine Reise um die Welt
Jakob sagt zu Jan: „Komm, heute reisen wir um die ganze Welt. Wir fahren über das Meer und durch die Wüste, wir fahren durch den Urwald und kommen bis zum Nordpol.“ Jan fragt: „Und wie?“ Jakob lacht: „Mit dem Finger auf dem Globus!“

zu Seite 35:
Der kleine Rabe
Der kleine Rabe flog über den Himmel. Es war herrlich so zu fliegen. Es gab ja so viel zu sehen: einen großen Wald, eine Stadt, Berge und das weite Meer. Als der kleine Rabe müde war, flog er zurück zu seinem Baum um zu schlafen.

zu Seite 36:
Das Klassenfest
Die Kinder denken nach, was sie bei ihrem Klassenfest tun sollen. Jan sagt: „Wir könnten ein Lied singen.“ Lea sagt: „Wir könnten auch Theater spielen.“ Larissa und Jakob sind begeistert. Sie rufen: „Ja, das machen wir!“

zu Seite 38:
Bei den Riesen
Im Land der Riesen ist alles riesig, auch die Kinder. Einmal sagte ein Riesenkind: „Es ist langweilig hier im Riesenland. Hier macht mir das Leben keinen Spaß mehr. Ich will in die weite Welt wandern.“ So zog es los, in die Welt der kleinen Leute.

zu Seite 40:
Die Mauer
Leas neue Freunde, die Erdmonster, zeigen ihr alles, was sie gern sehen möchte. Sie zeigen ihr die kleinen Wälder und die kleinen Tiere, sie zeigen ihr die kleinen Häuser der anderen Erdmonster und sie zeigen ihr die große Mauer, hinter der der König der Erdmonster wohnt.

zu Seite 42:
Auf der Wiese
Auf einer grüne Wiese trafen sich ein Gänseblümchen und eine kleine Maus. Das Gänseblümchen sagte zur Maus: „Ein ganzes Jahr hier auf der Wiese zu wohnen, das ist nicht gut. Im Winter ist es mir zu kalt. Darum gehe ich im Herbst immer zurück unter die Erde. Das solltest du auch tun!“

zu Seite 43:
Im Herbst
Die Kinder wandern durch den Wald. Sie staunen, wie sich alles verändert hat. Die Bäume sind nun ganz bunt. Die Kinder beobachten auch viele Tiere, die Rehe, den Specht und viele andere Vögel, die noch nicht fortgeflogen sind.

zu Seite 44:
Das Eichhörnchen
Auf dem großen Baum im Garten hinter dem Haus wohnt ein Eichhörnchen. Larissa beobachtet es so oft sie kann. Es sitzt auf seinem Ast und schaut in den Garten. Dann flitzt es plötzlich den Stamm hinauf bis in die höchste Spitze und ist nicht mehr zu sehen.

zu Seite 46:
Auf dem Fluss
Lisa wohnt mit ihren Eltern auf einem Schiff. Sie fahren mit dem Schiff auf dem großen Fluss von einer Stadt zur anderen. Lisa steht oft ganz hinten auf dem Schiff und schaut den Möwen zu, die sich um ihr Futter zanken.

zu Seite 47:
Bei Onkel Nils
Jakob war in den Ferien am Meer. Er durfte mit seinem Onkel auf einem richtigen Schiff zum Fischen hinaus auf das weite Meer fahren. Das

machte Jakob großen Spaß und er sagte: „Wenn ich einmal groß bin, werde ich Fischer wie du, Onkel Nils!"

zu Seite 48:
Die Fische im Teich
Im Stadtpark ist ein großer Teich mit vielen Fischen. Die Kinder gehen nach der Schule auf dem Weg nach Hause oft zu dem Teich und beobachten die Fische. Manchmal haben sie noch Reste von ihrem Pausenbrot. Damit füttern sie die Fische dann.

Der alte Goldfisch
In dem großen Teich im Stadtpark lebt ein dicker Goldfisch, der schon sehr alt ist. In der Nacht, wenn es im Park still wird und die Leute schlafen, erzählt der alte Goldfisch den kleinen Fischkindern Geschichten von alten Zeiten, als er noch jung war. Er sagt: „Damals war alles ganz anders."

zu Seite 51:
Lea malt einen Drachen
Heute malt Lea ein Bild von einem großen Drachen. Er ist ganz grün und hat riesige Flügel. Aus seinem Maul soll Feuer kommen und aus seinen Nasenlöchern Qualm. Es soll ein besonders wilder Drache werden.

zu Seite 52:
Der kleine Drache
Vor den Toren der kleinen Stadt lebte ein kleiner Drache in seiner Höhle. Die Menschen zitterten vor Angst, wenn sie den Drachen sahen. Eines Tages kam ein Mädchen zu der Höhle. Es fragte den Drachen: „Können wir nicht Freunde werden?"

zu Seite 54:
Wer spielt mit Kai?
Heute will niemand mit Kai spielen. Jan sitzt vor dem Computer, Larissa sitzt vor dem Fernseher, Lea sitzt mit einem Buch im Zimmer und Jakob ist in der Bücherei. Da geht Kai zu Uroma. Sie erzählt ihm von früher.

zu Seite 55
Antonius
Antonius lebte vor mehr als tausend Jahren. Er war ein römischer Junge. Die Stadt, in der er lebte, sah ganz anders aus als unsere Stadt heute. Aber Antonius spielte und lachte genauso viel wie die Kinder heute.

zu Seite 59:
Regenwetter
Die Kinder wollten am Sonntag eine Radtour machen. Sie wollten zum See in den Wald fahren. Aber als sie wach wurden, regnete es. Darum mussten sie sich nun etwas anderes ausdenken. Larissa hatte auch sofort eine gute Idee: „Wir bauen uns eine Regenscheuche. Damit verscheuchen wir den Regen!"

Lösungen Deutsch

Seite 6
2. Jan hat einen Bauernhof gemalt. Larissa hat ein altes Haus mit einem schönen Garten gemalt. Jakob hat eine Siedlung am Waldrand gemalt.

Seite 7
2. richtig: kurzen, Fahrrad, Morgen, Einrad

Seite 8
2. Schule, Frau, Klasse, Mädchen, Platz, jetzt, Larissa, Freundinnen

Seite 9
Nomen: Freund, Kind, Wald, Bauernhof, Tag, Garten; der Garten – die Gärten, der Tag – die Tage, der Wald – die Wälder, der Bauernhof – die Bauernhöfe, das Kind – die Kinder, der Freund – die Freunde

Seite 10
1. Jan hat heute Geburtstag. Als er am Morgen aufwacht, stehen sein Vater, seine Mutter und sein kleiner Bruder Kai an der Tür und singen.
2. Geburtstag, Geschenk, Mutter, Vater, Morgen, Bruder, Paket, Küche, zelten, singen

Seite 12
1. Am Abend bauen die Kinder das Zelt auf. Jans Eltern helfen den Kindern dabei. Als es dunkel wird, kriechen die Kinder in ihre Schlafsäcke.

Seite 14
2. neuen, Heu, Scheune, Freunden, freuen, heute

Seite 17
3. der Räuber – rauben, das Gebäude – bauen, träumen – der Traum, das Geräusch – rauschen

Seite 18
Unsere Hütte liegt gut versteckt im Wald zwischen den Bäumen und Büschen. Sie ist unser Geheimnis. Das verraten wir niemals!

Seite 19
2. Tiere, Abenteuer, Specht, Mädchen, Hasen; Lösungswort: raten

Seite 20
2. eine Eule, vier Hasen, zwei Eichhörnchen, ein Specht, drei Rehe

Seite 21
die Gräser – das Gras, die Räder – das Rad, die Äste – der Ast, fährt – fahren, die Ställe – der Stall, die Wälder – der Wald, die Bälle – der Ball, die Nächte – die Nacht, schläft – schlafen

Seite 22
2. Tante Julia und Kai wollen mit dem Zug fahren. Kai ist Jans kleiner Bruder. Er darf mit Tante Julia die Großeltern besuchen. Die Großeltern wohnen in Köln.
3. Bruder, Zug, Großeltern, Schreck, Bahnsteig

Seite 23
2. Auf Gleis 7 hat Einfahrt der Eilzug nach Köln. Bitte von der Bahnsteigkante zurücktreten.
3. wütend, schimpfte, endlich, Eilzug, Stimme, Einfahrt, verpasst